ⓈSHINCHOSHA 新潮新書

歌代幸子

UTASHIRO Yukiko

100歳の秘訣

780

新潮社

一〇〇歳の秘訣　目次

1　フォトジャーナリスト　笹本恒子　一〇四歳　8
ライカを手にしたのは、日中戦争のまっ只中。終戦後、日本初の写真展を開き、力道山、越路吹雪、宇野千代らをフィルムにおさめた女性報道写真家第一号は、生まれ変わっても「フォトジャーナリスト」になりたいと語る。

2　プロゴルファー　内田棟　一〇一歳　31
一〇歳の時、家計を助けるために始めたキャディのバイトで、ゴルフと出合い、五五歳でデビューした日本最高齢プロゴルファー。軽井沢ゴルフ倶楽部で会った白洲次郎、田中角栄ら一流の人には信念があった――。

3　精神科医　高橋幸枝　一〇一歳　52
ベストセラー『こころの匙加減』の著者が、医師を志したのは二〇代半ば。内科医から精神科医となり、患者が社会復帰してこそ本当の治癒と、生活支援も行う。根底には「少しでも誰かのお役に立てれば」という思いがあった。

4　画家　入江一子　一〇二歳　73

大邱で生まれた絵が大好きな少女は、一九三四年に女子美術専門学校に入学。個展のため訪れた満州の光景が忘れられなかった。それが、五〇代からのシルクロードへの旅と、NYでの個展、そして今なお続く創作意欲の原点となる。

5　浅草神社奉賛会会長　鈴木秋雄　一〇二歳　94

丁稚奉公に出た七人兄弟の末っ子は、浅草の材木問屋で見込まれ婿養子に入る。だがラバウルから戻った時、浅草は一面焼け野原だった。店を、祭りを復興させ、氏子四四ヶ町を束ねる筆頭総代は、今なお三社祭で神輿を担ぐ。

6　児童文学者　森比左志　一〇一歳　115

『はらぺこあおむし』の訳者であり「こぐまちゃんえほん」シリーズの著者は、教育者、歌人としての顔も持つ。敗残兵として貨物列車へ潜り込んで故郷へ戻り、教壇に立つ日々を変えたのは、一通の電報だった――。

7 菓心あづき庵　田谷きみ　一〇三歳　136
メディアからの取材が殺到、企業のCMにも登場した、老舗和菓子屋の現役・看板娘は、戦後、亡き夫の残した店を守り、子供らを女手一つで育てた。息子、孫へと、受け継がれたのれんの下で、今日も店に出る。

8 剣道家　太田博方　一〇三歳　157
剣道界最高位の「範士」七段は、今も鉄アレイ六〇〇回、素振り二〇〇回をこなす。早くに父を亡くして家業が傾き、一日一食の修行時代となっても、また出征してマラリアを病んでも、稽古は欠かさなかった。

9 言語学者　川崎桃太　一〇三歳　178
家族と共にブラジルへ渡った少年は、敗戦後、神父として帰国する。還俗し、教職についた彼が、ポルトガルで発見したのは、一六世紀の日本で、信長や秀吉と対面した宣教師ルイス・フロイスが残した『日本史』の完全写本だった――。

10 俳人　後藤比奈夫　一〇一歳　199

大阪帝大で物理を学び、戦中は陸軍飛行学校の技術士官としてレーダーを研究。敗戦で、電子部品製造会社を興しながら、俳人だった父に入門したのが三五歳の時だった。句作りは「ご飯を食べているようなもの」という境地に至るまで。

あとがき　222

1　フォトジャーナリスト　笹本恒子　一〇四歳

九六歳でニューヨーク、九八歳でパリ

二〇一〇年四月、笹本恒子は東京・目黒のギャラリーで開かれていた知人の写真展を訪れた。

「お久しぶりでございます」

にこやかに挨拶して会場へ入った笹本は、黒い帽子をかぶり、黒のスウェードコートにパンツ、ブーツと洒落た装いが似合っていた。最終日でにぎわう会場で集まった仲間たちとワインを飲み、会話もはずむ。男性スタッフに囲まれた笹本は、やがて何やらためらいがちな様子で恥ずかしそうに切り出した。

「この歳になったので、私もそろそろ年齢を言ってもいいかな。いくつに見えますか？」

1　フォトジャーナリスト　笹本恒子　104歳

さすがに男性たちは困って「うーん、七〇歳……」などと口ごもっていると、本人ははにかみながら答えた。

「今年九月で、九六歳になります」

日本初の女性報道写真家、笹本恒子。今も〝現役〟として活躍する彼女が、初めて自身の年齢を公にした瞬間だった。

戦時中にそのキャリアをスタートさせ、様々な現場へ赴き、的確に対象を捉えてきた。戦後まもない写真界では紅一点、一線の座にいたが、時代が変われば写真のトレンドは変わり、技術も進化していく。それでも変わらぬスタイルを貫いた。

この年九月、写真展「恒子の昭和」が開催されると、「九六歳の現役報道写真家」として一躍、スポットライトを浴びる。全国から訪れる人が後を断たなかった。さらに恵比寿のマンションで一人暮らす日々や元気の秘訣が注目され、テレビや雑誌の取材が相次ぐ。一方、カメラを持って飛び回る生活も変わらなかった。

「自分が興味を持つと、もう居ても立ってもいられない。『すぐ行きましょう。飛行機とっておいて』と頼まれます。不思議なことに、日本でも世界でもあちこちに叔母を慕ってくださる方がいるんです」と、アシスタントをつとめる姪の喜代子はいう。

戦後、一時は写真界から離れるも、七一歳にして復帰。その後も有名、無名を問わず「人」を撮り続けてきた。笹本がライフワークとするのは、自分の道を究めた人や一隅を照らす人に光を当てること。その人をフィルムに収めるためには、どこへだって行く。九六歳でニューヨーク、九八歳でパリへ飛んだ。

〝カミングアウト〟から八年を経て、笹本恒子は一〇四歳。彼女は何故、一〇〇歳を越えてなお被写体を追い求めようとするのか——。

「あんたが写すのか」

女学校を出る頃、担任の先生に将来の希望を聞かれたことがあった。

「私は絵描きになりたい、それがだめなら作家か新聞記者になりたいと言ったの。先生も、女のくせにと驚かれたようでね」

大正三（一九一四）年生まれの笹本が幼少を過ごしたのは東京・目黒村字三田、今の恵比寿界隈にあたる。父は新橋で呉服店を共同経営し、両親と姉、兄、弟二人の七人家族。母には礼儀や言葉遣いを厳しく躾けられたが、娘らしい夢とは無縁。作文や詩を書いては、「紅ばら」のペンネームで少女雑誌に投稿し、好きな油絵を夢中で描いていた。

絵描きを夢見て、大妻技芸学校高等家政科へ特待生で入学するも一年ほどで退学。絵画の研究所へ通い続ける。思いがけず「報道」の世界へ入るきっかけは、ある新聞記者との出会いにあった。

それはまだ幼少の頃、自宅の隣家を貸すことになり、一人の男性が訪れた。彼はおずおずと名刺をさし出し、「僕は新聞記者ですが、よろしいでしょうか」と聞く。「世間では新聞記者と小説家に家を貸すと、家賃を踏み倒すという噂が流れていたんです。けれど、母は『お人柄を見ていればわかります、どうぞ』と。思えば、あのひと言で今の私ができちゃったみたいね」と、笹本は屈託なく笑う。

東京日日新聞（現・毎日新聞）の社会部長になった彼の勧めで、社会面のカットを描くようになり、報道の現場に足を踏み入れた笹本。さらに写真との出合いは昭和一四（一九三九）年、「写真協会」を設立した林謙一を紹介されて、銀座のオフィスを訪ねたときだ。林は報道写真の使命を熱く語り、笹本に問う。

「日本にはまだ女性の報道写真家はひとりもいない。なってみませんか」と。

アメリカでは、マーガレット・バーク＝ホワイトが『ライフ』の表紙を撮っていると聞く。マーガレット・バーク＝ホワイトは女性フォトジャーナリストの草分けで、際立った行動力で名を馳せた時代のヒロインだ。笹本は兄が買っていた『ライフ』を思い、胸が高鳴る。「女性の目を通して物を見る。女性だけが撮れる写真があるはずです」という林の言葉も心に響いた。

「男にできることが女にできないはずはない、といつも思っていた。だから、厚かましくもその道へ入ってしまったの」

日中戦争まっ只中の頃、写真協会には、ドイツ、イタリア、アメリカなど世界各国から写真やグラフ誌が毎日山のように送られてくる。喧騒と活気あるオフィスの片隅で「報道写真」にふれた。

その矢先、心臓喘息を病む母が絶対安静と宣告され、やむなく休職。看護につとめたが、一〇カ月余の闘病を経て母は他界した。笹本はただちに写真協会へ行くが、新任の部長に「新米である、女であるというハンディキャップは一切抜きに扱います。それでもやりますか」と詰問される。震えながらも「はい」と答えた。

初めて手にしたカメラはライカ。フィルムの入れ方から教わるが、レンズの絞りやシャッター速度は勘頼り、ストロボもない時代だ。現場では「あんたが写すのか」と怪訝そうに見られ、スカート姿で脚立に乗るのも嫌でならない。それでも女学校で習った英会話が役に立った。

「海外からの使節団の撮影でシャッターチャンスを逃し、困って『エクスキューズ・ミー』と声をかけ、握手をやり直してもらったことがありました。すると、『お嬢さん、助かったよ。俺たちにはできないことだ』と他社のカメラマンに感謝されてね。私はいつのまにか来日外国人係になり、『頼むよ、頼むよ』と重宝がられたもの。行く先々で、『エクスキューズ・ミー、ワンモア・プリーズ』とやっていたの」

慣れない現場で肝を冷やすことも度々あった。その日は南京政府の祝典に派遣された阿部信行元首相の歓迎午餐会。帝国ホテルで開かれ、笹本は広間を見下ろす高台からカメラを構えた。フラッシュを焚くと、閃光と同時に「ボスーン」と爆音がして、とっさに身をかがめる。なんとフラッシュバルブの電球が爆発したのだ。

ガラスの破片が飛び散り、細かな銀紙がふわふわ宙を舞う。破片を掻き寄せ、恐る恐る会場の様子を窺うと、上を仰いで不審そうにしている人は見当たらない。ボストンバッグにカメラを入れ、一目散に階段を駆け降りるが、バランスを失って倒れそうになった。振り向くと、階段の中ほどに左足のハイヒールの踵が転がっている。急いで拾うとポケットに押し込み、すぐさま駆け出した。

日本初の写真展

昭和一五（一九四〇）年、日独伊三国同盟が正式調印された。笹本はヒットラー・ユーゲントの一行が大阪へ来日すると農園見学や人形浄瑠璃見物に同行。どんな場面でも体当たりで撮る〝お嬢さんカメラマン〟の武勇伝は尽きなかった。

だが、『婦人公論』のグラビアにその仕事ぶりが紹介されると、ひた隠しにしてきたことが父や兄にばれて、猛反対にあった。精根尽き果てて家を出たものの呼び戻され、ついに体を壊してしまう。わずか一年で退職せざるをえなかった。

「男一人にトラックいっぱいの女、などといわれた時代。男性は召集され、年頃の娘を持つ親は早くお嫁にやらなければと焦るけれど、母は平然として、『何も急いで結婚しなくたっていいのよ。あなたはやりたいことがあるんだから、いい人にめぐり会ったら結婚すればいいでしょう』と。私にとっては救いでした」

結婚に興味もなかった笹本だが、ほどなく同業のカメラマン、武藤達郎から求婚された。温厚な人柄に惹かれて結婚を決意。新宿に新居をかまえるが、その年の一二月、太平洋戦争が勃発する。

新婚生活は赤紙の恐怖に怯える日々だった。夜も軒先で自転車が止まる音が聞こえると、会話も途絶えてしばらく黙り込む。ついに赤紙が届いた時、笹本はへたへたと玄関先に座り込んでしまった。

夫は千葉の部隊に召集されたが、作業中に負傷して入院する。笹本は病弱な弟も抱え、一人、家族を守ることに懸命だった。

「多摩川の縁へ行ってハコベを取れば、おかずになり、柿の葉っぱまで食べました。細かく切ってかき揚げにすると、モチモチして美味しいの。戦時中というのは何でも発明ですよ。今でも緑の草木が生い茂っているのを見ると、戦争があっても大丈夫と思える。あの時の光景が目に焼きついているから、〝これがあれば、命は助かる〟と思うのです」

やがて空襲で焦土と化した東京の街。疎開先の千葉で見たのは東京湾の彼方から火の手があがり、猛火の上を向かいくる敵機の襲来だった。新宿の自宅は焼失してしまう。

昭和二〇(一九四五)年八月一五日。夫とともにギラギラ光る真昼の海を前にして、ラジオの玉音放送を聞いた。

終戦後、笹本はいち早く報道の現場へ戻り、フリーランスとして歩み出した。折しも出版ブームが到来し、新聞、雑誌の仕事が絶え間なく舞い込んだ。銀座の事務所内に夫と暗室をかまえ、敗戦で変わり果てた街を撮り続けた。

有楽町界隈にはバラックの飲食店が建ち並び、銀座四丁目交差点のビルやデパートは進駐軍に接収された。その頃、アメリカの通信社の仕事でPX（進駐軍専用の売店）の二世のデザイナーと知り合う。彼女の作品を進駐軍の将校や外交官の夫人に着てもらい、写真をファッション誌に発表した。婦人たちは雑誌に出ることを喜んで、次々とモデルになってくれる。笹本は写真展を思い立った。

「戦後は靴磨きや路上で暮らす人を撮る写真が流行っていたの。けれど新聞社の写真部長さんに相談したら、『そういう写真はもう見飽きている。あなたが撮っているファッションをやりなさい。それは皆に希望を持たせるよ』と言われ、そこでまた『エクスキューズ・ミー』が役に立ったのね」

憂鬱な時代だからこそ、目新しいことをしてみたい——。

そもそも写真の個展など誰も聞いたことがない時勢に果敢な挑戦である。会場を埋めた一〇〇枚の写真のモデルは、アメリカ、フィリピン、イギリス、中国など国際色豊かだった。終戦から五年後、日本橋の丸善ギャラリーで開催した「生きたニュールック写真展」は、日本で初めての写真展と話題を呼び、初日から満員の盛況となった。

この年、日本写真家協会が創立される。会長の木村伊兵衛のもと会員約七〇名、女性は笹本一人だけであった。

昭和三〇年代に入ると「もはや戦後ではない」などといわれ、民主化の波渦巻く現場でひたすらシャッターを切る。昭和三五（一九六〇）年、三井三池争議では主婦たちの底力を知り、六月には日米安全保障条約改定に抗議するデモが繰り返されるなか、樺美智子の死を悼む人々の姿を追った。

ところが、高度経済成長へ向かい激動する社会でカメラマンも鎬を削る一方、笹本の活躍は影をひそめていく。六〇年安保後に雑誌の廃刊が相次ぎ、注文も来ない厳しい状況になった。その後、写真の世界に復帰するまで二十余年。笹本は多くを語ろうとはしないが、沈黙の二十数年をいかに過ごしたのだろう。

ドロドロに溶けたネガ

あの頃は……と問いかけても、笹本の口は重くなる。自身の身辺も変転していた。夫は写真の技術が未熟な妻を指導し、仕事への理解もある人だった。それでも家庭を離れ、一人になりたいと望んだ笹本は、自ら別れを切り出して離婚。数年後、新たな伴侶と再婚するも、彼には先妻との間に息子がおり、大学進学のために仕送りすれば、夫の給料だけでは生活を賄えない。わずかな写真の収入を当てにするより、確実な仕事を得なければならなかった。

笹本は写真から距離を置く。かわりに始めたのは、まったく異なる仕事だ。

「叔母は何でも器用だから、カメラの仕事がなくなっても、どうしようとは悩まない。生活力がある人なので」と姪の喜代子。娘時代に覚えた洋裁や華道の腕を活かし、新たな仕事を見出す姿を間近で見ていた。

渋谷のマンションでオーダー服のサロンを開いたのは、昭和三七（一九六二）年。女優らも顧客となり、軌道に乗っていく。だが、既製服が主流になって経営も厳しくなると、笹本は欧米から入ったフラワーデザインを習い始めた。自分で写真を撮ってテキストを出版すると、教室まで開く。それも下火になると、土とガラスで創作した陶芸アクセサリーを手がけた。

「これができると思えば、すぐお金に結びついて生活も成り立っていく。不思議な人でした」ともう一人の姪、エミ子も顧みる。変わり身の早さには驚かされるが、当人はただ「欲張りじゃないかしら。何かしていないと気がすまない。どん底まで落ちても、あとは一所懸命這い上がることを考えるから」と淡々と振り返るだけ。しかし、姪たちは笑顔の裏に隠された辛苦を思いやる。当時、夫はがんを患って会社を辞め、笹本は一人で支えざるをえなかった。

それでもやはりカメラへの思いは断ち切れない。一度はあきらめようと、膨大なフィルムの一部に鋏を入れ、焼却炉へ送ったこともある。

「いつ写真家に復帰できるかわからないし、未練がましい気がして〝もう捨ててしまえ〟と思ったのね。でも、最も古いダンボール箱を開けてみたら、ネガケースがきれいに並んでいる。『私を焼いちゃ、イヤよ』という声が聞こえたの」

その箱を再び開けることになったのは昭和六〇（一九八五）年の春。笹本が七〇歳のときだ。「昭和還暦の年（六〇年）に、戦後撮り続けてきた人物写真で個展をしたい」と話したのを覚えていた遠縁の人から、思いがけず写真展の話が持ち上がった。

ちょうど夫を亡くして半年余り。末期がんと宣告された夫の闘病生活は壮絶だった。通い詰めの看病に加え、とりまく人間関係の煩雑さにも追われた。いっそこちらの方が先に……と思うほど心身ともに疲れ果て、先も見えない中での朗報である。

さっそくネガを選別しようと箱を開けると、二万カット以上あるネガの大半はドロドロに溶けていた。辛うじて人影の見えるものを一枚ずつ切り取っていくと、懐かしい顔が並んだ。政治家の三木武吉、歌手の藤山一郎やプロレスラーの力道山、若き日の越路吹雪、三笠宮百合子妃殿下が自宅の庭で我が子と寛ぐ姿もあった。

この年一〇月、渋谷駅近くのビルを「昭和史を彩った人たち」の垂れ幕が飾る。それが復活への一歩となった。

加藤シヅエ、宇野千代、阿部なを

再びカメラを手にした笹本は、水を得た魚のごとく外へ飛び出していく。新たに撮り始めたのは、明治に生まれ、一途に道を貫く女性たちだ。

日本の女性がようやく参政権を得たのは戦後、それまでは様々な形で蔑視されていた。夫に仕えて家事や育児をこなしながら仕事を続け、なお信念をもって男性に伍する活躍をすることがいかに大変か――。「なんとか彼女たちの生き方を写真に残したい。大正生まれの私がやらなければ」と心に決めていた。

当時、明治生まれの女性はすでに八〇代、九〇代。それだけになお駆り立てられる思いもある。かつて取材した三岸節子、佐多稲子らから声をかけ、面識がない人は図書館で名簿を探し、自分の写真集に手紙を添えて送った。承諾をもらえれば、全国どこへでも手弁当で訪ねて行く。丹念に下調べして取材にのぞみ、撮影ではポーズをとってもらうことなく、ふだん生活している姿をありのまま捉えることを心がけた。

その一人、加藤シヅエとの出会いは昭和三一（一九五六）年にさかのぼる。参議院選挙で最高得票を獲得し、全国一位で当選したときのこと。家族と暮らす自宅を訪ねた笹本は、品の良い優しい妻として、夫を細やかに気遣う姿に感銘を受ける。洋間で睦まじく遊ぶ母娘のショットも撮影していた。当時、一一歳だった娘の加藤タキは、今あらためて写真を見ると感慨深いという。

「母の表情が違いますね。カメラマンの方に暗黙のうちに信頼を抱き、お互いを尊ぶ空気が流れているのを感じます」

母のシヅエは二人の息子を抱えて苦難に富む結婚生活を送り、ようやく加藤勘十との再婚が叶うと、四八歳で娘を授かった。生涯かけて女性の人権問題に尽力し、笹本が再び訪ねたときは九〇代半ば。なおも論客として活躍し、自宅で幼い孫と語らう姿があった。娘のタキはいう。

「笹本さんはレンズを通して、厳しい職業婦人としての表情と、妻として母としての矜持も捉えている。人間の本質をちゃんと見抜く洞察力はさすがですね」

奔放な恋愛を重ねた作家の宇野千代、離婚の苦悩を乗り越え料理家の道を歩んだ阿部なを、亡き夫への思いを胸に随筆を書き続けた女優の沢村貞子……。

平成八（一九九六）年には「〝いま〟を生きる明治の女性たち60人」の写真展が銀座で開催された。笹本はこの時、八二歳。だが自身の〝いま〟の年齢は秘めていた。

九六歳の写真展

「必要ないから言わなかったの。『八〇でございます』と伝えたら、『あんたに撮れるの？』なんて聞かれても困るから」と笹本。ついに年齢を明かしたのは九六歳を迎えようとしていた冒頭の場面、二〇一〇年、小西康夫の写真展を訪ねたときの出来事だ。

「すごくドラマティックな瞬間でした」

そう振り返るのは、その場にいたジャーナリストのケイト・クリッペンスティーンだ。明治の女性を追う笹本を取材して以来、夫の小西とともに親しく付き合ってきた。いつも背筋を伸ばし、颯爽と歩く姿は年齢を感じさせない。それだけに明かされた時の衝撃は大きかった。その場ですぐにケイトは九六歳の写真展をしようと提案する。小西は笹本が撮りためた作品から選び、彼女の個性や人柄が表れるような図録を構成したという。

「気負いなくナチュラルでストレートな写真。それはテクニックで作るのではなく、空気のようにすっと被写体へ入っていくから撮れるものです。何よりの魅力は素直で人の捉え方が優しいこと。彼女の品位ある人格が表れているのでしょう」

写真家の小西は、被写体と向き合う笹本の撮影スタイルをこう評する。

「相手と対話しながら胸襟を開いてくれるまで待ち続け、自然な素顔を引き出していく。時代を超えても人に伝わる温かさや人間性、敬意が写真に込められています」

九六歳の写真展は大盛況で、「もうびっくりしちゃった。それでまた生き返っちゃったのね」とほほ笑む笹本。二〇一四年には一〇〇歳を記念した個展が各地で開かれ、ベストドレッサー賞特別賞も受賞した。

しかし、その明くる日、笹本は絨毯の上で転んで右大腿骨と左腕を骨折。そのまま気を失って昏々と眠り、翌日発見されて救急車で搬送された。「一〇〇歳にして生まれて初めての手術と入院が重なっちゃって」と苦笑するが、三カ月後には病院のベッドから落ちて、左大腿骨も骨折した。もはや自宅へ帰ることは叶わず、鎌倉の有料老人ホームへ入居したのである。

「なにしろ職員の方が起こしに来るのは朝六時。おべべを着せ替えてくれ、朝食がすむと一〇時のお茶が来るでしょう。一二時には昼ご飯で、お三時にお茶とお菓子が運ばれてくる。とても過保護なのよ」

住み慣れた東京を離れて、笹本は緑あふれる閑静な地で暮らす。都心のマンションでの気ままな生活を懐かしむが、今も欠かさないのは夕食に一杯の赤ワインをたしなむこと。元気の源と三十数年続ける習慣で、部屋に小型のワインセラーを備えていた。好きな肉料理はあまり出ないので、とんかつや唐揚げなどを姪らに買ってきてもらうという。

鎌倉へ来てからも、新聞やテレビのニュースを見ては情報収集を怠らず、気になる本やDVDがあればすぐ取り寄せる。車椅子の生活は続き、リハビリに励むが、「まだまだ写真を撮りに行きたいから」と辛いトレーニングも苦にならない。二〇一六年には写真界の世界的な賞である米国の「ルーシー賞」を受賞。ニューヨーク・カーネギーホールでの授賞式に出られなかったことをしきりに悔やんでいた。

ちっぽけな島国から出てみなさい

そんな笹本が初出演したドキュメンタリー映画『笑う101歳×2　笹本恒子　むの

たけじ』が二〇一七年六月公開された。主役の女と男はともに一〇一歳、「笹本恒子」と孤高のジャーナリスト「むのたけじ」である。むのは戦後、戦争協力の記事を書いた責任を感じて新聞社を辞め、故郷の秋田で一人、週刊新聞「たいまつ」を立ち上げる。笹本もその気骨ある生き方に惹かれていた。

「戦争を肌で知っている人たちをきちっと映像と証言で残したかった」

二人の姿を追った監督の河邑厚徳は、笹本の功績をこう語る。

「彼女の根底には戦争中の経験があり、戦後を生きる女性たちを撮り続けてきた。自身も組織に属すことなく、日本独特の狭い価値観にはとらわれない。どんな逆境にも強く、しなやかに適応しながら生き抜く姿はやはり魅力的ですね」

一〇〇歳を越えてもなお、ひたすら前向きな笹本にとって「幸福」とはいかなるものなのだろう。

「やっぱり人間関係がいちばん大事でしょうね。たとえ物がなくても、人間どうしが仲良くいられたら楽しいもの」

我が子はなくとも、可愛がってきた姪や甥が細やかに支えてくれるのは心強い。甥の笹本龍馬にとって忘れがたい思い出は、二〇歳の頃、ヨーロッパ取材に同行したことだ。

パリにある芸術家だけの老人ホームでは、画家やオペラ歌手、黒人のドラマーなど国籍や人種も異なる人々が悠々自適に暮らしている。芸術家を見守る懐の深さを知り、日本でフリーランスとして生きる伯母の厳しさも感じた。

「伯母に言われたのは『ちっぽけな島国から出てみなさい』と。広い世界では肌の色など関わりなく、何をやりたいのかが重要なのだと教えられた気がします」

幼い頃はよく伯母が運転する車に乗せてもらった。六〇歳を過ぎて免許を取った笹本は周りの心配をよそに平気でどこでも走り回り、「ブーブおばちゃん」と慕っていた。その伯母が七〇代にして、一心不乱にシャッターを切る姿を目の当たりにしたとき、「この人は純粋に自分のやりたいことを突きつめてきたんだなと。ある意味、不器用というか天然なところもずっと変わらない」と甥の目に映る。

さらに今も変わらぬ笹本の魅力を、アメリカ人の友人であるケイトはこう語る。

「フレンドリーだけど内面には凛とした厳しさを秘めている。一緒に過ごしているとノリが良くて、会話がすごく楽しいですね。政治問題から、映画など流行っているものは何でも知っているし、遊び心や好奇心もあるから、年齢や性別、国籍も関係なく楽しくつきあえるのです」

世の中はとかく年齢で人間の価値を判断しがちだが、「それは馬鹿げたこと」と笹本は一蹴する。

「大事なのは、その間に何をしてきたかということ。だから、『歳を考えないで、自分の健康と相談しながら何でも習いなさい』と勧めるの。そして習いに行ったらば、先生より上手くなってやろうと心に決める。やっぱりその先へぴょこっと飛び出なくちゃだめなのよ」

それが写真のみならず、新たな道を切り拓く原動力でもあったのだろう。これまで幾度もの節目には人との出会いに恵まれた。その一方で大切な人たちを見送ってきた笹本は憂える。

「死というのは無常なものね。私だって、いつ消えちゃうかわからない。心細いけれども仕方ないでしょう。それでないと地球があふれちゃうからね」

赤ワインはいかが

仏壇には兄弟の遺影とともに、亡き前夫、武藤達郎の写真が置かれている。同じカメラマンとして陰ながら支えてくれた彼とは、一〇年間の結婚生活を送った。

「とても心の広い人でした。私のわがままから家を出てしまったのに、決して悪口を言うことはなかった。自分の親戚や兄弟にも私のことを褒めてくれていたらしいの。だから私は罰があたりましたね」

かつては前夫のこともほとんど語らなかったが、今は愛おしそうに顧みる。武藤は再婚して二人の娘に恵まれた。それでも笹本の写真展は欠かさず訪ねてくれ、妻亡き後は互いの誕生日に贈り物をするような交流が続いた。その後、彼が老人ホームへ入ったことを知り、鰻重を持っていくと喜んで食べてくれた。「次はビフテキか、とんかつを」と約束したのが最後。その約束は果たされぬまま、武藤は逝った。

今も彼に別れを告げた若き日を思えば、胸が痛むと洩らす笹本。その孤独の中で自身の来し方も見つめ直したという。

「ずいぶん馬鹿な人生だと思います。時間を無駄にしているなぁ……と。怠けている時間もありましたから、もうちょっとああしておけばよかった、こうすればよかったと悔いてはいますよ」

また生まれ変わったら何になるかと聞けば、「フォトジャーナリスト」と答える。まだまだ取材に行きたいし、会いたい人もたくさんいる。大江健三郎、山田太一……惚れ込んだ男たちの名が次々あがる。
〈老いてなほ艶とよぶべきものありや
花は始めも終りもよろし〉
かつてこの一首に魅かれて、歌人の齋藤史を訪ねたことがある。女は最後まで枯れてはいけない、と教えられた。ならば、歳はとるものじゃなくて忘れるものと思う。〝いま〟を生きるいのちの輝きを撮り続けることで、笹本もなお枯れることなく咲き誇る。女はいくつになっても、紅いバラでありたい……と。
とめどなく話は尽きず、そろそろ陽もかげるころ、笹本の顔は華やいだ。
「ねえ、赤ワインはいかがかしら？」

（文中敬称略、以下同）

2　プロゴルファー　内田棟　一〇一歳

家計のため始めたゴルフ

「日本最高齢のプロゴルファー」としてその名を馳せるまで、華やかな戦績や名声とは無縁に生きてきた。むしろキャディから始まるゴルフ界での下積みは長く、プロ・デビューも五五歳と遅咲きである。それから四十数年、内田棟《むなぎ》は東北でゴルフ場の設計に携わり、シニアの大会で連戦した。その間、二度のがん闘病も乗り越えながら、一〇一歳にしてなおクラブを握る。

ゴルフに注ぐ熱意はどこから来るのか。そう問うと、内田の胸中には第二次世界大戦中の記憶がよみがえる。二一歳で陸軍に入隊して満州へ。一度復員したものの、再び召集されて釜山へ従軍する。最後は曹長になり、台湾の高雄で終戦を迎えた。一〇年間におよぶ陸軍時代だ。戦時中のことは「あまり思い出したくない」と口を閉ざすが、代わりに見せてくれたのは、色褪せて擦り切れた「軍隊手帳」だった——。

内田のゴルフ人生をたどると、戦前から戦後へと隆盛していく日本のゴルフ史とも重なり合う。日本で最初にゴルフクラブが誕生したのは明治三六（一九〇三）年、神戸ゴルフ倶楽部である。その後、雲仙、東京、箱根に続いて、大正九（一九二〇）年に創設されたのが「軽井沢ゴルフ倶楽部」だった。

大正五年生まれの内田がゴルフと出合ったのはこのコースである。当時は九ホールで、昭和七（一九三二）年に一八ホールのコースが新設されると、旧コースは「旧軽（旧軽井沢ゴルフクラブ）」として営業する。新コースは「新軽（軽井沢ゴルフ倶楽部）」と呼ばれ、戦後は内田もこのゴルフ場で働くことになった。

そもそも内田はなぜゴルフの道へ入ったのか。戦前の倶楽部は政財界の名士や皇族・華族らがつどう社交の場でもあった。内田がキャディのアルバイトを始めたのは、一〇歳の頃。実は子どもながらに、家計を助けたいという気持ちがあったのだという。それは我々が抱く「ゴルフ」の華やいだイメージとはかけ離れていた。

軽井沢で育ち、父親の仕事は木挽き。木材を大鋸で挽いて製材する職人である。長男

2　プロゴルファー　内田棟　101歳

につけた「棟《むなぎ》」という名は家業にちなんだもの。「棟」とは屋根の最も高い水平部分に用いる材木、いわば要となるものだ。内田はその名に込められた父の思いを感じていた。

「昔は何で俺にこんな名前をつけたんだろうと不思議だった。けれど今となれば、階段を上へ上へと登るように生きてきて、こうして一〇〇歳を迎えても健康に暮らしている。親父がつけてくれた名前のお陰で、神さまが後ろについていてくれるんじゃないかなと思うわけです」

幼少の頃から、親には学校で使う鉛筆やノートもなかなか買ってもらえなかった。「小遣い稼ぎになる」と友だちから聞き、地元のゴルフ場へ行って、支配人に頼んで雇ってもらったのだ。

台湾での過酷な従軍

夏になると、軽井沢は避暑に訪れる客でにぎわう。会員制のクラブで、一シーズン二五円の高額な会費を払えるのはごく限られた上流階級の人々だけ。この地はカナダ人宣教師A・C・ショーが別荘を建てたことで避暑地として拓かれ、訪れるのも外国人の方が多かった。

〝少年キャディ〟の内田は、アルバイトの初日からコースを付いて回った。挨拶からバッグの担ぎ方、クラブの手入れの仕方まで、先輩にしごかれながら見様見真似で覚えていく。会員は品性ある紳士たちで、子どもだからと馬鹿にされることもない。外国人相手のときは、聞き覚えた英単語を並べてどうにか言葉も交わした。

キャディにはランクがあり、Aクラスで三〇銭、Bクラスで二五銭、Cクラスで二〇銭をもらえた。新米はCクラスからスタートするが、Aクラスになれば、ひと夏で米一俵買えるほど稼げると知って奮起する。学校が終わるとすぐ自転車を飛ばし、アルバイトに駆けつけた。

「Aクラスになるには年数が必要だし、何より自分で努力しないとなかなかランクは上がらない。先輩には『ボールをよく見て、絶対に無くさないように』と教え込まれました。当時はボールも相当な値段です。だから、お客さんが打ったボールを見失わないよう見ていて、だいたいあの辺に行ったのかと目標を定める。それでも石か何かで撥ねて一〇メートル、二〇メートル離れてしまうと、一所懸命探しても見つからない。そんな苦労は度々あったけれど、お客さんも『キャディさん、よく見つけたな』と褒めてくれます。それが嬉しくてキャディを続けていましたよ」

キャディの仕事には体力はもとより、お客様に気分よくプレーしてもらえるような気遣いが必要だ。一緒にコースを回りながら、ゴルフのマナーも少しずつ学んでいく。尋常小学校を卒業すると農業や大工などの職に就く者が多かったが、内田は一五歳のとき、正式にキャディとしてゴルフ場に勤めることになった。

その後、家庭を築き、長男も授かった矢先、召集令状が届く。それから一〇年、中国、台湾での従軍は過酷極まりないものだった。

歩兵として重い荷物を抱え、極寒の山野から灼熱の地までひたすら歩かされた。マラリアで倒れたこともある。さらに曹長になると部隊を率いる責務は重く、大隊長に向かって「砲弾が飛び交う場所に部下を行かせたまま、敵がいなくなっても銃撃を続けるとはどういうことだ！」と喰ってかかることもあったという。

戦地での壮絶な日々を生き延びた内田は、敗戦の翌年三月に帰還。翌月から軽井沢ゴルフ倶楽部で働き始めた。

終戦後、軽井沢のゴルフ場はアメリカの進駐軍に接収され、ようやく解除になったのは昭和二六（一九五一）年一〇月。戦前の会員が戻り、新たに軽井沢に別荘をもつ企業のトップや政財界人、作家なども増えて、にぎわいを取り戻していった。

白洲次郎から学んだマナー

「ゴルフというのは、とにかく難しいスポーツ、としか思っていなかったですね」

戦後、ゴルフの世界へ戻ったのは三〇歳のとき。内田にとって、二〇代という心身ともに伸び盛りの時期にゴルフから離れていたブランクは痛手だった。

キャディとしての実績は積んでいても、自分自身はゴルフを習ったことがなく、まったくの独学である。やがてキャディマスターになると、会員たちのレッスンも受け持つようになる。そのためには自分の技術を向上させるしかなかった。

上手くなりたければ、先輩や上手な人のプレーをよく観察し、自分で試行錯誤しながら身につけていく。技術は盗んで覚えるしかなかった。戦後まもない頃は練習場もなかったので、袋の中にロストボールを集めておき、コースに向かって打てるような場所を見つけておく。毎日、仕事が終わると、一人、暗くなってボールが見えなくなるまで練習に励んだ。

肝心のゴルフクラブも高価で買えず、手に入れるのは苦労した。アルバイト時代には、山へ行ってL字型の枝を数十本取ってくると、皮を剝いで曲がった部分を炭火であぶって伸ばし、木のクラブを手作りしたものだ。倶楽部に勤めるようになってからは、先輩のお古を少しずつ集め、お客様が折って捨てていったものを修理して使った。フルセット一四本のクラブが揃ったのは三二歳のときだった。

一人で地道に打ち込む日々のなか、「ゴルフとは何か」を教えられたのは、一流を極めた人たちからだ。英国紳士のスポーツであるゴルフには品位あるマナーが欠かせない。その真髄を内田に徹底して仕込んだのが実業家の白洲次郎である。欧米への留学経験で本場のゴルフを知り、日本でゴルフ文化の礎を築いた白洲は、戦後、初代理事長に就任。名門クラブの伝統を守ろうと尽力した人物である。倶楽部は「会員のためにある」という理念のもと、「PLAY　FAST」の精神に徹した。

白洲は煙草の吸い殻を捨てる客を見かけると怒鳴りつけ、自ら拾い集める。クラブハウスの食堂から楊枝をくわえて歩き出した客の口元をバシッと振り払い、食卓の楊枝入れに「くわえ楊枝はやめましょう!」と書いた小旗を立てるなど、「雷親父」といわれるエピソードは尽きない。内田の日課は、白洲を毎朝ジープに乗せて、一八ホールのコースを隅々まで回ることだった。

「朝、倶楽部へ行くと白洲さんが事務所へ呼びに来て、私がいないと『内田が見えねぇんだけど』と探しまわるんです。コースに出て、何か不具合が見つかると、私がジープを降りて直し、白洲さんがチェックしたところは後で指示される。一緒に回っていると、いろいろ教えられることが多かったのです」

キャディマスターとして働きながら、レッスンもしていた内田はゴルフの技術が評判となり、各界の著名人や皇族に教えることも任されるほどになった。

常陸宮様と雨の日にプレーした際、「ズボンを折って靴下を上にあげたら裾が汚れませんよ」と教えると、「ああ、そうやると汚れないんですね」と感心されたことを憶えている。常陸宮様がプレーの途中で突然いなくなる出来事もあった。ちょうど一四番ホールの脇に美智子様のご実家である正田家の別荘があり、いつも立ち寄ってティータイムを過ごされるのだ。しばらくすると気を揉んだ皇宮警察の人が事務所へ相談に来る。そこで内田はひそかにバイクで迎えに行った。

田中角栄の早打ち

政治家では佐藤栄作や宮澤喜一らが常連で、なかでも田中角栄は熱心だった。倶楽部のすぐ近くに別荘があり、必ず朝一番でやってくる。「おう、内田、明日は早いけど何時頃がいいかな」と聞き、「何時でも構いませんよ」と答えると、翌朝も六時半にはやって来て、まだ倶楽部のスタート前からプレーを始めた。とにかく早打ちで、構えたらサッと打ってしまう。フォームに悩むことなく、失敗しても「もう一発打つからな」とくよくよしなかった。

一流を極めた人たちは、何があっても動じない強固な意志を持ち合わせている。信じることをやり抜く信念が、ゴルフにも仕事にも投影されているようだった。

内田自身も大切にしてきたのは「勇往邁進」の姿勢。目的を貫こうとしたら、脇目もふらず、まっしぐらに突進していく。

「強い気持ちがなければ、何事も成し遂げることはできない。その気概をいつでも持ち続けることが必要なのです」

軽井沢ゴルフ倶楽部に勤めて二十数年、内田にとって大きな転機が訪れたのは五〇代半ばの頃である。キャディマスターとしてゴルフの指導に力を尽くしてきた内田が、五五歳で挑戦したのがプロテストだ。

日本プロゴルフ協会（ＰＧＡ）が認定するプロゴルファー資格には、トーナメントプレーヤー（ツアープロ）とティーチングプロ（レッスンプロ）の二種類ある。内田が目指したのはティーチングプロだ。キャディトーナメントで好スコアを出していた内田は先輩の勧めもあってプロテストを受験し、一発で合格した。

すでに年齢的にはシニア、遅咲きのプロ・デビューであったが、内田の前には新たな仕事が拓けていく。トーナメントプレーヤーとして活躍していた長男の袈裟彦から「ゴルフ場の設計をしないか」と打診され、山形で東北カントリー倶楽部の設計に携わることになる。長年勤めた倶楽部を退職し、単身で赴任した。

ところが、コース造成地になっていたのは、熊も嫌って入らないような密林だった。豪雪地のため樹木が雪の重さで全部ひしゃげ、歩こうにも木の枝に爪先が引っ掛かってしまう。内田は雨が降ろうと夜になろうと、山中をひたすら歩き回った。生い茂る枝葉を切り払い、木によじ登ると「あの木の上に赤い旗を立てろ」などと指示を出していく。設計図も目算頼りと原始的なやり方だ。

それでも子どもの頃からキャディとして経験してきたことが活かされた。一八番ホールのグリーンはクラブハウスに近いところにした方がプレーヤーも張り合いが出る、ピンの位置はこの辺りが下手な人でも入れやすいなど、コース作りの勘所はわかっている。六年の歳月を費やして、ついにゴルフ場が完成した。

その間、内田はシニアツアーに参戦する（レッスンプロでもツアーに出場できる）。五七歳で出場した日本プロゴルフシニア選手権では三位入賞。自身のゴルフ人生で最高成績となった。後にまた軽井沢へ戻ると、フリーランスで朝から晩までレッスンに明け暮れる。遅咲きながらも、ゴルフで培われたものは結実していくが、さらなる試練も待ち受けていた。

六六歳で膀胱がんと宣告され、摘出手術で一命をとりとめる。リハビリに励み、翌年には試合復帰するも最下位となり、プロとして規定のスコアを超えたことで罰金制度の枠内に入ってしまう。苦汁をなめた内田は気持ちを入れ直して試合にのぞんだ。しかし、最初の手術から一〇年経つ頃、膀胱がんの古傷が痛み出す。手術跡が癒着していることがわかり再手術に。その後、内田は二度ほど試合に出場するが、体力の衰えに愕然とする。それから一〇年以上、トーナメントから遠ざかった。

八九歳の復活

八〇代も後半にさしかかって自信を失い、ラウンドに出るのもためらう内田。その背を押したのは、長男の袈裟彦と親交があったプロゴルファーの風見博だ。当時、不調を抱えていた風見は袈裟彦の勧めで内田のもとを訪れ、しばらく一緒に練習していた。そんなある日、二〇〇六年六月に開催される関東プロゴルフゴールドシニア選手権に親子二代で出場しないかと勧めたのだ。出場条件は六八歳以上、息子の袈裟彦が六八歳を越え、内田は八九歳になっていた。

「先生、試合に出ましょうよ」

風見が勧めても、最初のうちは内田も躊躇して弱音を洩らす。

「いやあ、もうダメだよ……」

それでも風見は熱心に勧めた。

「とにかく練習していれば、もっと上手くなるから大丈夫ですよ」

「……じゃあ、行こうか」

渋々と重い腰をあげた内田は、風見とラウンドを重ねていった。

「内田さんは負けず嫌いで、何か注意すると『いいじゃないか、ちょっとくらい』と悔しがる。僕に教えてくれと言ったこともないけれど、『先生、こうだよ』とやってみせると、『ああ、そうか』と素直に聞いて取り組む。上手くなりたいという意欲はありましたね」と風見は顧みる。

かつて誰からゴルフを習うこともなかった内田は、三〇歳年の差がある風見から指導を受け、勧められることは何でも取り入れた。足腰の筋力を鍛えるため、スクワットやエアロバイクなどトレーニングも欠かさない。昔ながらの打ち方では時代に合わないと、スイングも一から見直した。

風見は内田を心身ともにサポートするため、キャディを務めることにした。試合中は原則として帯同キャディは許されない。そこでPGAに申請して、「補助者」として付くことを許可してもらった。

試合当日、内田は万全を期して栄養剤の点滴を受け、足取りも元気に会場へ向かう。快晴で陽ざしも暑く、家族は体力を案じたが、内田は風見のアドバイスを聞きながら真剣にプレーに集中した。二日間の試合を終えると、「ああ、疲れた」とひと言。すべてやり切ったという満足そうな表情だった。

結果は四七選手中最下位に終わるが、袈裟彦が優勝したことを殊のほか喜んでいた。それが息子と一緒にラウンドを回った唯一の試合となる。一〇年以上のブランクを乗り越えた内田の強さを、風見もあらためて感じたという。

「ゴルフという競技は精神力との闘いです。内田さんは頑固で、優柔不断なところがない。こうと決めたら揺るがない人」

八九歳で試合復帰を果たし、なお連戦する内田の存在はゴルフ界で注目されていく。プレジデントリゾート軽井沢でゴルフ副支配人を務める土屋寿夫も、少年時代から内田に憧れ、二〇代の頃に指導を受けたことがあった。

後に自身もレッスンプロとなった土屋は、ゴルフと向き合う内田の姿勢をこう語る。

「とにかく基本がすべて。そこを突きつめていけば、余分な枝葉の部分で悩むことはなくなるというお考えだと思う。ご自身も基本をしっかり身につけているからこそ、八〇代、九〇代になってもラウンドを回れるのでしょう。ゴルフはちょっとしたズレで結果が大きく変わるだけに、常に向上心を持って技術を磨かなければ、いかにプロでも下手になってしまう。だからこそ終わりはないし、良い意味で欲が深いと思うのです」

クラブを一本、持ってこい
娘のとも子は内田が八九歳で試合復帰して以来、ゴルフ場への送り迎えを務め、キャディをしながら一緒にラウンドを回るようになった。
「父は難しいことを一切言わない。とにかくわかりやすく、相手が理解しやすい教え方を見極めるのが上手だったと思います。自分のゴルフを押し付けることもなく、その人の体形や癖に合ったレッスンをしていましたね」

試合に出る気力を取り戻した内田は、九〇歳のときには四四・四六のスコアでエージシュートを達成する。九〇代になっても年間六〇ラウンドをこなし、練習を重ねていく日々。だが、その先に思いがけない悲報が舞い込む。

旅先のタイでトレーニング中の袈裟彦が心臓発作で逝ったという報せ。死に目にも会えず、遺骨での帰国となった。まもなく七三歳になる息子に先立たれた悲しみがつのる。

内田が九三歳のときだ。

そして、その翌年、自身も二度目のがんに見舞われた。九四歳で直腸がんと宣告された内田は、高齢だけに手術も危ぶまれる。それでもまだゴルフを続けたい、という本人の意思は固かった。

開腹手術は一四時間におよび、術後は強い鎮痛薬を投与されて幻覚のような症状が次々現われていく。ベッドから起きた内田は病室の冷蔵庫を開けると、「グローブとボールが入ってないが、どこにある?」と探し、「キャディバッグが来てないけれど、ゴルフ場に置いてきたのか」と聞く。二、三日後にはもう歩き始め、点滴を抱えて廊下へ出ていく。はるか先の突き当りの壁を見つめて、付き添う娘に問いかけた。

「ここからグリーンまで〇〇ヤードある。（クラブは）スプーンで届くか、ちょっと大きいからバフィーにしようか」

父の容態を案じて、娘は言う。

「今日はもうこんなに暗くなったから、明日、またやれば？」

それでも父は病室へ戻ろうとしない。

「いやいや、最終組が上がってきていないから、まだ行けるよ」

父の目には病院の壁がゴルフ場のグリーンにしか見えていなかった。朝起きてカーテンを開けると、父の声がはずむ。

「わあ、今日は（ゴルフ場が）混んでいてすごいな。スタートは何時だ？」

窓の外には病院を訪れた患者の車がびっしり駐車場に並んでいる。そんな父との会話が一〇日ほど続いたという。

やっと点滴が取れ、体も少しずつ回復していくと、内田はさっそく「クラブを一本、持ってこい」と言い出す。その父に娘は付き添った。

「病棟がしんと静まり返り、電気も消えると、父はアイアンを一本だけ持って病室を出ていくのです。誰もいない奥のほうの廊下まで歩いていき、一所懸命素振りしていました。よっぽどゴルフをしたかったのでしょうね……」

病棟でも不屈の精神でクラブを振り続けた内田は、またも試合へ復帰。二年後には日本プロゴルフゴールドシニア選手権大会の関東予選に出場した。

その当日、ギャラリーには観客のみならず後輩の選手たちも詰めかけた。日本最高齢ゴルファーが放つ渾身のプレーに歓声が湧く。一ラウンド九六、二ラウンド一〇二で回りきった内田は、九五歳で有終の美を飾った。

後輩を育てること

軽井沢で暮らす内田の自宅には、陽ざしがさしこむ窓辺にパターマットが置かれ、トレーニングマシンが揃う。

淡いピンクのシャツを着こなす姿は若々しく、姿勢も崩さない。一〇〇歳を越えて人生を振り返るとき、内田が成し遂げたかったことは何だったのか。

「自分が生きている間はゴルフをやらなくちゃいけない、そして後輩を育てなくちゃいけないという気持ちがたえずありました。なぜ、そういう気持ちが湧いてきたかというと、私は軍隊に一〇年間いましたが、戦地では後輩を指導することで強い兵隊にしなければいけないという使命があったから。今、この世の中で自分にできることがあるとしたら、ゴルフの道でも後輩を育てることだろうと思ったのです」

あの軍隊手帳には、若き日に失われた一〇年間の記録が綴られている。戦地から帰還するとき、内田は自分の軍隊手帳をひそかに持ち帰ってきた。そこには一兵卒だった彼が、いつ、いかなる目的で何処へ出兵させられたのか、戦時中の行動が克明に記されていた。いわば国家の軍事機密に関わる極秘資料であり、本来は連隊や師団ごとにまとめて焼却されるはずのもの。だが、「これがなければ一〇年間の自分の記録もすべてなくなってしまう」――そう思うと耐え難く、軍隊手帳を管理していた同期の戦友に頼み込んで持ち帰ったのだという。

「私は上等兵に進級したとき、自分はもっと偉くなって後輩を強くしなければ、と心に決めた。兵隊自身にはそれが心に沁みた人もいれば、そんな馬鹿なことをする必要はねえだろう、と思う人もいたかもしれない。だけど、私はいかに厳しくとも部下を育むことこそが日本人の精神であらねばならないと思っていたのです」

戦争中の体験は忌まわしい記憶であっても、誇りを忘れず生きた証でもある。だからこそ内田は、生き長らえた自分の人生をゴルフに捧げ、後進へ伝えていくことが使命と、脇目もふらずに突き進んできたのではないか……。

もう夢はない

命ある限りゴルフを続け、人を育てるためには自分も鍛錬を怠らない。内田は今でも地道なトレーニングを続けている。毎日、朝食後に一五〇球のパター練習を欠かさず、マシンを使って筋トレをする。午後は芝生の庭でアプローチやティーショットの練習をするのが日課だ。

家で過ごしていても、内田はゴルフに出かける日のようにきちんと着替え、好みの洋服や身だしなみにこだわる。若き日に身につけたマナーだ。食生活も変わらない。朝はパンに旬の野菜を使ったスープとサラダ、ジュース、メロンを欠かさず、昼と夜は脂っこい肉や魚をしっかり食べる。鰻と鮪のトロ、牛肉が好きで、スタミナ重視の食生活。さすがに周りも塩分には気遣うと、「そんな味の薄いものを食べていて、ボールが飛ぶか」というのが、食事をつくる娘への口癖になった。

「父にとってはいつでも、ゴルフのことしか頭の中にないんです」

内田が座右の銘とする言葉は「得意淡然　失意泰然」だ。物事がうまくいっているときは驕ることなく淡々と過ごし、うまくいかないときは動じずに時節の到来を待つということ。いい時も悪い時も焦らず、淡々と生きていく――それもゴルフから学んだことである。

一〇一歳にして、なお夢見ることはあるのかと聞くと、「もう夢はない」ときっぱり答える内田。成すべきことは遂げたという思いがあり、これからも命ある限りゴルフを続けたいと願うだけだ。

自宅には小さな工房があり、今もクラブの修理は自分で手がける。作業をしていると時間が経つのも忘れ、黙々と修理に打ち込む。その姿は職人そのもの。華やかな戦績や名声を追い求めるより、こつこつと礎から築き、まさに棟上げしていくことに喜びを見出しているのだろう。ゴルフに魅せられた子供時代、山へ行っては懸命に枝を集め、夢中でクラブを作る少年の姿も重なり合うような気がした。

3　精神科医　髙橋幸枝　一〇一歳

椅子ひとつあればいい

神奈川県秦野市で五十余年、精神医療を担ってきた秦野病院の髙橋幸枝《さちえ》は、今を時めく「一〇一歳の精神科医」だ。

医師として患者に寄り添いながら、社会復帰を援助するリハビリ施設やグループホーム、就労支援などの事業も手がけてきた。現在は医療法人社団「秦和会」の理事長を務め、病院・施設の運営に携わっている。二〇一六年には生誕一〇〇年と病院設立五〇周年が重なり、『こころの匙加減』と題した著書もベストセラーに。同書は長年、さまざまな人の心と向き合ってきた精神科医が語る生き方のヒント、いわば現代版の養生訓。日々の生活や人づきあいなど、心と体を健やかに保つ秘訣が綴られている。

一〇一歳になった今も現役で職場へ通い、好きな趣味を楽しみながら、一人暮らしを

3　精神科医　髙橋幸枝　101歳

送る日々。まさに時代を先駆ける〝スーパー・キャリアウーマン〟である。

いったいどんな女性なのだろう。おもわず身がまえて病院を訪ねると、事務室の隅にある部屋へ通された。ここが理事長室という。ドアを開けた途端、ふと肩の力が抜けた。八畳ほどの部屋にはスチール製の事務机と椅子だけ。椅子にちょこんと座り、白衣姿で迎えてくれたのが理事長本人だった。ほっそりと小柄で楚々とした物腰。艶やかなシルバーグレーのショートヘアが似合い、満面に柔和な笑みをたたえている。あまりに簡素な部屋のたたずまいを意外に思っていると、髙橋はにこやかに話し始めた。

「私、立派な応接間なんてあんまり好かないの。だって、人とお話しするなら、椅子ひとつあればいいいんじゃない？」

この応接間は、彼女の生き方そのものといえる。

髙橋が医師を志したのは二〇代半ばを過ぎたころ、極めて遅いスタートだった。しかも、当初は内科医で、精神科医になったのはさらに遅く五〇歳からだ。彼女はいかに精神医療の道へ進んだのか――。

もとより医師の家系に生まれたわけではない。郷里の新潟県で父親は小学校の校長をしていた。一九一六年、二男四女の三番目、次女として生まれた髙橋は、父の赴任で暮らした高田で高等女学校へ進学した。卒業間近になると同級生は花嫁修業でお稽古ごとに励んでいたが、髙橋自身はそんなことは思いもよらなかった。

「できることなら『職業婦人』になりたいと思ったのです。あの時代には珍しかったけれど、うちはお金持ちでもなく、ごく普通の家庭ですから、やはり早く働きたいという気持ちのほうが強くて」

女性が就ける仕事もごく限られていた時代である。それでも〝キャリアウーマン〟を志した髙橋は成績も良かったので、女学校の先生は出版社や書店などへの就職を心配してくれた。ちょうど東京へ嫁いだ姉のもとへ上京しようと思い立った矢先、海軍省にいた叔父の伝手で勤め先が決まる。英文タイプライターを習い、花形職業のタイピストとして働かせてもらえることになった。

「あの頃は医者なんてものは、全然考えてもいなかったのね」と髙橋は顧みる。

ところが、思いがけず「運命」の羅針盤は大きく振れる。「中国の青島にある海軍省で働かないか」という話が舞い込んだのだ。当時青島は日本の占領下にあり、日中友好という名のもとに中国や満州国へ渡る日本人も多かった。

「やっぱり私は先走りの性格だから、中国へ行ってみたいなと。思い立ったらもう、一人でも怖いことはなかったの」

二二歳にして中国へ渡航。青島はもともとドイツの植民地であったため、石造りの建築とアカシアの並木がつらなる洒落た街並みが残り、髙橋は初めて出合うヨーロッパの文化や美味しいパンに惹かれた。ほどなくすぐ下の妹の芳枝も訪れ、一緒にタイピストとして働き始める。やがて友人も加わって三人で青島の生活を楽しんだ。

近所にはキリスト教の教会があり、妹たちと通うようになった。女学生時代から本を読むのが好きで聖書も読んでいた髙橋にとっては、キリスト教の教えが心に沁みわたっていく。そんなある日、清水安三という日本人牧師に出会った。

あんた、医者になったらどうか

清水は大正初め日本人宣教師として中国へ派遣され、北京で貧しい農村の子女に教育を施す崇貞平民女子工読学校（後の崇貞学園）を設立。帰国後には桜美林学園を創設した教育者でもある。たまたま青島に布教に来ていた彼と出会うことで、髙橋の進路も大きく舵を切った。

「先生のお説教を聞きまして、非常に感激したんです。私も先生のように貧しい人を救えるような仕事をしたいと。それでお願いに伺うと、『あなたみたいなお嬢さんが簡単にできる仕事ではありませんよ』と止められたのですが、一所懸命に頼み込むうち、先生も根負けされて、『そこまで言うならいらっしゃい』と許してくださった。私はすぐ海軍省を辞めて北京へ向かいました」

北京では盧溝橋事件突発を機に日中戦争が始まる。排日運動が高まり、日本人が危険に晒されるなか、清水らは身を挺して活動を続けていた。そこへ臆することなく飛び込んだ髙橋は、清水を手伝いながら、現地の悲惨な境遇を目の当たりにする。貧しさゆえに一〇銭、二〇銭の銅貨と引き換えに体を売る少女たち。劣悪な衛生環境では傷が化膿しても治療を受けられず、命を落とす人たちも後を絶たない。

どうしたら、この人たちはもう少し人間らしく生きられるのか、自分も困っている人のために何かできる仕事はないものか……。無力感に苛まれる髙橋に、清水はぽつりと言った。

「あんた、医者になったらどうか」

そのひと言が胸に響いた。やれるものならやりたい。だが、果たして自分にできるものなのか。不安も募ったが、数カ月悩んだ末、清水に伝えた。

「私、試験を受けてみます」

駆り立てられる思いで日本へ帰国。昭和一八（一九四三）年暮れのことだ。当時は戦争に伴う医師不足が深刻化し、各地に医学校が建てられていた。そんな中、福島に女子医学専門学校が出来たことを知る。入試まではあと三カ月しかない。受験勉強を夢中でこなし、受験者一一八〇人中、一五〇人の合格者の中に滑り込んだ。ようやく一歩を踏み出した医者への道、二七歳からのスタートであった。

手作りの診療所

在学中に終戦を迎え、卒業後は郷里へ戻ると、新潟県立高田中央病院でインターンとして研修を積んだ。国家試験にも合格し、内科医として働き始めた髙橋に再び声をかけたのが、恩師の清水だった。

終戦の翌年、北京から引き揚げてきた清水は、東京都町田市で桜美林学園を設立。戦争で荒廃した日本で新たな教育を根づかせようと奔走していた。髙橋は世話になった清水からの熱心な誘いを断り切れず、学園の校医を務めることになる。

ところが、荒れ果てた建物には診療できるような部屋もなく、校内を回って椅子と机とついたてを調達し、手作りで診療所を整えた。しばらく寝泊まりしながら仕事に専念するうち、近所の人たちもぽつぽつと訪れる。坂道が多い町でも楽に移動できるようにとスクーターの免許を取って、往診も始めた。

いつしか町の診療所のように親しまれ、患者はひっきりなしに訪れる。学園も順調に大きくなってきた頃、園長の清水に「医学部をつくろうじゃないか」と話を持ち掛けられた。しかし、地域を支える医療にやりがいを感じていた髙橋は、思いきって独立しようと心に決める。清水から許しをもらうと、自分の医院を持つための土地探しを始めた。こつこつ貯めた蓄えで買える安いところを探しまわり、ようやく見つけたのが、隣接する大和市の中央林間だ。

昭和三〇（一九五五）年に髙橋医院を開業。三九歳のときだった。

「どこも草ぼうぼうで人家もほとんどないような土地でした。近くに病院もなかったので、どんな患者さんでもやって来るんです。やれ喉に魚の骨が刺さったとか、手を切った、頭をぶつけたとかね。何でも診ていました。だから、中央林間では私を知らない人はいないくらいで……」

内科と小児科が専門だったが、どんな病気や怪我も一人で診なければならず、専門以外の治療もできるよう懸命に勉強した。地域の人たちから「家庭医」として頼られ、毎日、愛車のスクーターに乗って、往診にも走り回った。夜間の急患まで引き受け、玄関に血だらけの人が立っていたこともあった。休みなしで働きずくめの毎日だったが、髙橋は目を細めて懐かしむ。

「それが楽しかったのよ。思う存分仕事ができれば嬉しいでしょう」

髙橋は生涯独身を貫いている。想いを寄せられたことは「無きにしもあらずね」とはじらうが、何よりも仕事に邁進してきた。

厳しい船出

そんな彼女の片腕となったのが妹の芳枝だ。かつて青島でともに働いた芳枝は郷里の高田で家庭を持っていたが、夫を早くに亡くす。夫は高田中央病院で院長を務め、定年後は中央林間へ移り住んで一緒に地域医療を手がけるつもりで、医院に隣接する土地も買っていた。亡夫の遺志を継ぐため、芳枝は幼い二人の子どもと義母を連れて中央林間へ。髙橋の診療所に併設して一〇床ほどの病棟を建て、入院患者の世話から経理まで手伝うようになったのである。

芳枝の娘で当時小学生だった妙子は、伯母の髙橋と母の姿が今も目に浮かぶ。

「うちの母は未亡人という言葉が嫌いで、とにかく後ろを振り向かない。伯母も、甥や姪である私たちを何とか育てていかなくちゃという気持ちがすごく強かったのでしょう。二人で馬車馬のごとく前へ前へと進んでいましたね」

五歳違いの姉妹は気が合い、いろんなアイデアを医療の場に活かしていった。クリスマスの季節になると近くの林へ出かけ、クリスマスツリーになるような木を一本採ってきて、病棟で飾りつけをする。クリスマスの晩も病院で過ごす入院患者のためにパーティを開き、皆で寸劇をしたことを憶えている。

中央林間は厚木基地に近く、米軍将校らが住む瀟洒な外人ハウスが点在していた。髙橋は往診に出かけると、よくアイスクリームやクリスマスのお菓子などをお土産にもらってきては子どもたちに分けてくれた。スクーターを愛用していた髙橋はいち早く車の免許も取ると、医療器材を積みこんで往診し、在宅患者のケアにも取り組んだ。

「伯母も母も目新しいものが好きで、先駆けていろんなことを形にしていく。何しろ二人がのんびりしているところは見たことなくて」と妙子は思い返す。

さらに次なる目標は「病院」をつくること。髙橋はもっと地域に根ざした医療に取り組み、将来は甥を医師に育てたいという願いもあった。それが実現したのは一〇年後の一九六六年。新たに銀行から借りた資金を元手に秦野市で一〇〇〇坪の土地を求め、現在に続く秦野病院を設立した。荒れ野を拓いて建てた病棟は六三床からスタート。最初は職員に給料を払うのもやっとというほどの厳しい船出であった。

「心の物語」と向き合う仕事

五〇代にして病院経営に挑んだ髙橋の胸には、もう一つの大きな決断があった。それは内科だけでなく「精神科」を診療に加えたこと。ここから、精神科医としての髙橋の新たな人生が始まる。

開院したのは六〇年代半ば、高度経済成長のもとで人の暮らしはどんどん豊かになっていく。既存の病院も外来や病床拡張を進める一方、置き去りにされていたのが精神医療だ。今では「うつ」として広く知られる心疾患もまだ認知されておらず、精神病棟といえば暗く閉鎖されたイメージがつきまとう。重度の精神障害者は隔離する治療が一般的だった。

そんな時代になぜ精神医療を志したのだろうか。髙橋はこう答える。

「胃が痛い、頭が痛いからと来院しても、検査すると異常は見つからない。それでも痛みは繰り返し続き、いつまでも治らないというケースが結構ありました。そういう患者さんを長く診ているうちに、皆、心のどこかに苦しみを抱えていることにだんだん気づいていく。病気とは『気の病』。精神的な問題が必ず潜んでいるのだと、身にしみて感じたのです」

内科医として様々な患者の体を診てきたことで、心と向き合う医療の大切さに思い至る。それは若き日にキリスト教と出合い、奉仕活動を通して苦しむ人と関わるなかで、自身の使命と胸に秘めてきたことでもあった。

髙橋は仕事の合間に、慶応大学病院の精神科に通って勉強を重ねた。病院開業後は自ら精神科医として診療にあたるが、当初は外来の患者も少なかったという。やはり本人も周りの目を気にして、玄関から入れず、「先生、裏口ありませんか」とこっそり訪れるのだ。

「精神科にいらしても、苦しんでいる人は何も話したくないという場合があるし、自分自身納得できないから隠したいという気持ちもあるのでしょう。そういう気持ちも本当なら理解してあげなくちゃいけないけれど、そこが難しいのね。なかなか心を開いてくれない方がいるし、どうにも理解できないこともある。精神科医というのは、一人ひとりが抱える『心の物語』と向き合う仕事なのです」

髙橋にとって、今も鮮明に心に残る母と娘がいる。

ある日、娘が時々暴れるからと言ってシングルマザーの母親が秦野病院を訪れた。そのまま、娘を入院させたが、本人はすぐ大人しくなり、ほどなく退院。しばらくするとまた暴れた娘が母親に連れられて入院し、その繰り返しが二、三年ほど続いた。

「なんで暴れるんだろうと不思議に思っていたんです。すると、その母親には好きな男性がいて、彼のもとへ行く度に、娘さんは『お母さんがとられちゃう』と怖れて、暴れるのだとわかりました。自分が暴れると、お母さんも面倒を見てくれるからと、そういう関係だったのですね。何年か関わるうち私もその親子と親しくなり、やがて娘さんは結婚して子どもを授かりました。これで良かったと思ったけれど、お母さんは孫が可愛くて娘の家を度々訪ねるようになり、今度は『お母さんに子どもをとられちゃう』と娘さんの方が心配でたまらなくなった。そして、そんな母親から離れたいばかりに、娘さんは子どもを連れて、入水してしまったのです」

彼女のケースだけでなく、患者の中には自ら命を絶とうとする人も少なからずいた。ある日、診察も終わった夕方に一人の女性患者から電話があった。名古屋に来ているという女性はいつもと同じ調子で、「……どうしていいのかわからないんです」と洩らす。ホテルにいるというので、「ともかくすぐに帰っていらっしゃい」と勧めたが、彼女はそのまま電話を切った。それから間もなくホテルの四階から飛び降りたということを、後に知らされた。

「わざわざ電話をかけてきたのは、自分の寂しさを慰めてほしかったのでしょう。けれど、突然の電話で私もよく理解できなかった。あの時、彼女の気持ちに応えられなかったことが本当に悔やまれました」

普通の生活をさせてあげたい

救えなかった命の重さに髙橋は苛まれる。それだけに、患者が発する心の声はいつでも受け止め、一人ひとりが抱く〝心の物語〟を汲み取ろうと努めてきた。患者が話すことにじっくり耳を傾け、何が要因なのかを見つけていく。一年ぐらい経って初めて、本当の問題はここにあったのだとわかることも度々あった。

必然的に患者との付き合いは長きにわたり、一〇年以上通い続ける人も多い。治療が終わっても、寂しくなると電話してきたり、病院まで会いに来る人たちもいる。それが薬にまさる回復につながることも多かった。

高橋のもとで三十数年勤めてきた秦野病院・外来師長の五十嵐順子は、医師としての高橋についてこう語る。

「患者さんやそのご家族、職員のことも何でもよく知っていらして、気にかけてくださいます。いつも患者さんのために新しいことを考え、実行されるのです」

患者は退院するときが治療の終わりではない。社会復帰してこそ、本当の意味で治ったといえるのではないか。医療の現場でどこより先駆けて始めたのが、患者の生活を支援することだ。

今でこそ障害者の生活支援は行政の施策になっているが、高橋が立ち上げた六〇年代当時は前例もなかったという。まして精神障害に対しては社会的な偏見も厚い壁になったことだろう。

「統合失調症の人はだいたい治療をしても治らないと、皆が思い込んでいました。精神科の医者たちも患者には薬を飲ませて寝かせ、安静にしているのが常識とされた時代。

けれど、大勢の患者さんを診ていると、安静にしていても治るわけじゃない。精神科の患者さんというのは、対人関係をうまく築けないから心を閉ざしてしまう。だからこそ人と接することが大切だと思ったのです」

髙橋は自ら回って頭を下げ、近隣にある電子部品などの工場から下請け仕事をもらい、患者が働ける作業所を作った。患者は作業所での仕事に慣れていくと、近所の工場で働かせてもらえるようになった。初めは躊躇していた工場主から「あの子はよくやるよ」と信頼され、患者本人もそれが自信になっていく。何年も働くうち、すっかり元気になる人たちも出てきた。看護師の五十嵐も内職作業を手伝い、その収益でいちご狩りやバス旅行など、ふだんはなかなか外に出られない患者と一緒に楽しんだ思い出がある。

精神医療とは病気を治すだけで終わらない。「普通の生活をさせてあげたい。それが私の願いでした」と髙橋は言う。

こうして自身が思い描く医療を目指しながらも、病院経営は変わらず厳しかった。さらに追い打ちをかけるように辛い現実を突きつけられる。二人三脚で支え合ってきた妹の芳枝が食道静脈瘤破裂で倒れ、七年間の闘病の末に亡くなったのだ。まだ六一歳の若さだった。

髙橋は自責の念に襲われた。医者として、どうして妹の病気を見つけられなかったのか、命を救ってやれなかったのか――。妹は、「姉さんは子どももいないし、家庭も持っていないから、寂しい思いだけはさせないでね」と姪に言い残して逝った。

妹を失った悲しみを振り払うように、髙橋は仕事にさらなる力を注いでいく。病棟を増床し、リハビリ施設やグループホーム、就労支援をするパン工房なども立ち上げた。

半分が努力、半分は運命

小柄な体ながら果敢に挑戦していく髙橋のバイタリティは、どこから湧いてくるのだろうか。

「理事長は大きな船、僕らを乗せていく巨大なタンカーみたいな存在なのです」

こう語る秦野病院現院長・笠原友幸は、髙橋の甥。幼い頃から髙橋のことは「お医者さんのおばちゃん」と慕ってきた。子供心に残るのは、親族を颯爽と率いてあちこち旅行へ連れて行ってくれたこと。小学生の頃には伯母が院長となり、苦労を重ねながら事業に打ち込む姿も見てきた。自ずと精神科医を志した笠原は、伯母のもとで医師としての在り方も学んだという。

「患者さんに対しては優しく丁寧に向き合い、一緒に歩んでいく。一方で事業家としては実にアクティブで、職員を叱咤激励しながら率いるリーダーシップも持ち合わせている。それは患者さんのため、地域のためであり、家族が路頭に迷わないように支えなければという覚悟もあったのでしょう」

かつて病院では髙橋家の長姉が栄養士を務め、末弟にも事務長を任せてきた。二人の甥たちもそれぞれに医師の道を歩んでいる。さまざまな事情で結婚は叶わなかったけれど、「この病院が自分の家庭。だから、職員にも家族にも全責任を負うのが私の務めだと思ってきたの」と髙橋はきっぱり言う。

それでも女一人、大きな船の舵取りを重荷と感じることはなかったのか。

「とにかく毎日を一所懸命生きてきただけ。その日その日にできることは何かと考えながら、こつこつと積み重ねてきました。これまで一〇〇年生きてきて、つくづく思うのは、人生というのは半分が自分の努力、あとの半分は運命のような気がします」

医師になったのは思いがけない運命の巡り合わせ。健康に恵まれたことも有難いと思う。母親は九六歳、長姉は九二歳で他界。末妹は健在で、親族には認知症になった人もいない。健康長寿の秘訣はあるのだろうかと聞くと、傍らで見てきた姪の妙子が言う。

「皆、共通するのは人に頼らないこと。伯母も自分でできることは何でもします」

一人暮らしの髙橋は料理や洗濯など、家事もすべてこなす。自宅は病院に隣接する事務所の三階にあり、毎日、五一段の外階段を上り下りして病院へ出勤していた。自宅の居間にはパンジーやチューリップなど花をモチーフにした絵が飾られ、「髙橋幸枝」のサインがある。八〇歳から通信講座で水彩画を習い、九〇歳から「数独」という数字合わせのパズルも趣味のひとつとして始めた。

大病もすることなく九〇代を迎えた髙橋だが、さすがに衰えを痛感したのは九二歳のとき。自宅でベランダから部屋に入ろうとして転び、大腿骨を骨折した。寝たきりになるまいと手術の翌日からリハビリに励み、何とか歩き回れるまでに回復する。二カ月足らずで退院できたが、自宅へ戻っても階段を上れないことに気づいた。建物にはエレベーターがなく、三階の自宅までは五一段の階段を上るしかない。姪の妙子が付き添ってやっと上れたものの、やはりエレベーターを付けた方が、と家族で話し合った。だが、その費用が一〇〇〇万円かかると知り、

「『私のためだけにそんなお金、もったいないわ!』と言うんです。それで本人は必死に頑張ったらしく、いつの間にかスタスタと上れるようになって」と妙子は苦笑する。

ちょっと無理をする

その後も髙橋は外来で週一度の診察を続けた。しかし、二〇一六年三月に再び大腿骨にひびが入って入院。車椅子になっても診察室へ出ていたが、ついに九九歳で臨床の場を離れた。それからも毎日病院へ出勤して、スタッフの朝礼に参加し、理事長室で業務をこなす日々は変わらない。

「ちょっと無理をしてみることが大切なのね。たとえば五一段の階段を上るときも、今日はこっちの足に力を入れて歩いてみようと一歩踏み出すと、勢いがついて二段、三段と上れたりする。もう体力がないから頑張ることはできないけれど、ちょっと無理してやってみようと思うと、意外とできることがあるのよ」

挑戦すれば、新しい世界が見えてくる。今はもう行けないが、髙橋は九〇歳を過ぎてからも海外旅行に出かけていた。最後の旅先は、姪と妹の三人で訪れた中国だ。髙橋には、どうしても行っておきたい場所があった。

「ここが、あの教会なの？」

妹たちの目には簡素な石造りの建物としか映らずとも、髙橋は胸に迫る感慨があった。

その視線の先には、かつて恩師・清水安三に初めて会った青島の教会が、当時のまま残っていた。ここから、医師として生きる道が始まったのである。

内科医、精神科医として、人の体と心に向き合ってきた七十余年。余計なものが何もない応接間で、彼女はおだやかに微笑みながら言う。

「少しでも誰かのお役に立てればと……ほんの一ミリでもね」

人のために尽くそうとした人生は、未だに続いている。

「美しい心でいたいと思うの。それが今の願いかしら」

いかに体は老いても、心は美しく磨きあげることができる。この考え方が彼女の人生を形作ってきた。そしてそれこそが一〇〇歳の精神科医、髙橋幸枝から手渡された、人生の処方箋でもある。

4　画家　入江一子　一〇二歳

シルクロードを描く

天井の高いアトリエには描きかけの二〇〇号の絵があった。幅は約二・六メートル、高さ二メートル近いキャンバスに向かい、小柄な体をそらして絵筆を走らせる。取材当時一〇一歳の女流画家・入江《いりえ》一子《かずこ》は、二〇一七年一〇月に迫る独立展に大作で挑んでいた。

真紅や黄、淡いピンクのバラやチューリップ、ユリなど、色とりどりの花を積んだワゴンが並び、陽気な街のざわめきが聞こえてくる――。幻想的な青の色調に浮かびあがる情景を描いたこの絵のタイトルは、「追想フラワーショップ」。かつて同じ題材を描いた作品があったが、人手に渡ったため、気に入っていたその絵を四〇年ぶりに描いているのだという。

「私は花が好きなの。特にバラが好き。シルクロードを旅していても、花を欠かしたことがないんです。これはポルトガルの花屋さんで、もう三回も行っているの。だから、最後に〝追想〟の気持ちを込めて、一生懸命描いています」

中国から中央アジア、ヨーロッパへと、シルクロードに魅せられて旅した地は三十余国におよぶ。悠久の時を刻む自然風土や遺跡、民衆の営みを描き続けてきた入江一子の絵には、光をはらんだ豊かな色彩が満ちあふれている。

東京・杉並のJR阿佐ケ谷駅から歩いて五分ほど、閑静な住宅街の一角に建つ「入江一子シルクロード記念館」。入江が自宅を改装して開いた美術館で、扉を開けるとすぐこのアトリエがある。壁一面を埋め尽くす壮大な作品に目を奪われた。

バザールでにぎわう砂漠の街、敦煌の石窟に描かれた色鮮やかな飛天、杏の花咲くフンザの桃源郷、マラケシュの広場につどう人々……。シルクロードをたどる旅は、まさに「画家・入江一子」の歩みそのものであったことがわかる。

初めてシルクロードを訪れたのは五〇代半ばの頃。それから三〇年間、スケッチ旅行を重ねた。八四歳でモンゴルを旅し、その後もシルクロードで見た情景を描き続けている。ただ写真や記憶をたどって再現するのではなく、時を経て、さらに自分の中で広が

4　画家　入江一子　102歳

る世界があるという。

「技術も向上しているし、新たな表現が生まれてきます。自分でも不思議だなと思うのは、当時の情景をいつまでも覚えていること。本当に感謝していますし、どこでも思い出して絵に描けますよ」

まるで幼子のように無垢な笑みをたたえる入江の言葉に耳を傾けていると、一〇〇年という人生の時計も瞬く間に巻き戻されていくようだ。その時計の針は、原点といえる一つの光景に行き着く。

一人きりで満州へ

入江が娘時代を過ごしたのは朝鮮半島の大邱《テグ》。父は山口県萩市の毛利藩士の家系で、大陸へ渡って貿易商として成功をおさめた。一九一六年に大邱で生まれた入江は六歳のときに父を亡くすが、遺してくれた遺産で母と二人の妹とともに暮らした。幼少から半島で育ったことで、大地の土の匂いや荒野に咲く花々、色彩あふれる民族衣装などはもとよりなじみ深かったという。

とりわけ絵が好きな少女で、小学生の頃から一日一枚描くことが日課だった。

「果物があれば、必ず絵に描いてから食べる。その習慣は今もずっと続いています。小学校の校庭で日が暮れるまで一人で写生していると、校長先生が『おまえはよくやるな』とグローブのように大きな手で頭を撫でてくださった。女学校に入ってからも、試験の前日までせっせと絵を描きに出かけていました」

その画才は早くから注目される。小学六年生のときに描いた静物画が昭和の御大典で天皇に奉納された。女学校時代には、難関とされる朝鮮美術展で入選。それが当時のフランス総領事の目に留まり、作品を譲ったところ、油絵具一式を贈られ、フランス留学の誘いまで受けた。

時局の不安もあり断ったものの、画家への夢はふくらんでいく。女学校を卒業すると単身で日本へ。初めて東京を訪れた一九三四年、女子美術専門学校（現・女子美術大学）に入学した。

在学中は岡田三郎助や藤田嗣治らの指導を受け、絵の勉強に打ち込んだ。卒業制作の最中、友人に公募展に誘われた。気鋭の洋画家が集う独立美術協会の展覧会（独立展）だ。入江は卒業制作用に描いたものを出品し、初入選を果たす。二二歳という若さ、しかも女性での入選は当時珍しく、新聞でも快挙が大きく報じられた。

「でも私は卒業したら、満州のハルピン辺りで女学校の先生をしたかったの」

日本で〝新進女流画家〟と騒がれても、入江の心は懐かしい大陸に焦がれていたのだろう。だが、大邱に帰っても就職口は見つからず、再び東京へ戻って丸善本店の図案部に勤務。ショーウィンドウのデザインを任された。仕事の傍ら、絵を描き続ける入江に個展の話が舞いこんだのは二五歳のとき。母校の女学校の後援によって、大邱、ソウルで開催される。さらに校長から「あなたは元気がいいから、満州のハルピンとチチハルでも個展をしませんか」といわれ、紹介状をもらった。

作品や額縁など大荷物を抱えて、一人きりで満州へ。汽車の中はロシア人や中国人ばかりで日本人は誰もいない。「今となれば驚くほどの勇気でした」と入江は顧みる。緑あふれるハルピンを過ぎると果てしなくコーリャン畑が続く。たどりついたチチハルで、「嫩江《のんこう》の赤い夕日」に出合った。

一木一草もない大平原を流れる嫩江が、鮮やかな血のように真っ赤に染まり、一隻の小舟が黒い影をなして浮かぶ。それは生涯忘れ得ぬ風景となった。

「広大な砂漠と太陽の光のすばらしさ、あの色彩が目に焼きついて離れない。でも、あまりの美しさに、そのとき私は絵にすることが出来なかった。もう一度あの光を見てみたい。それが私をシルクロードへと駆り立てる原点となったのです」

だが、その旅が実現するまでには、なお三十余年の歳月を要することになる。

太平洋戦争末期、東京は度重なる空襲に見舞われた。どうせ死ぬなら親孝行をしようと、大邱へ帰ることを決意。一九四五年一月、あの旅路もまざまざと蘇る。

「命からがら帰りました。灯火管制で真っ暗な闇の中を汽車が走り、下関へ着くと波止場には人があふれかえっている。機雷の危険があるから釜山行きの船は出ないというのです。四日間飲まず食わずに待って、ようやく船に乗ることができ、大邱へ着いたときは四〇度の熱があった。夢遊病者のようにふらふら彷徨いながら、どうにか家へたどりつきました」

大邱の女学校で教職を得たものの、まもなく八月に終戦を迎えると日本へ帰らざるをえなかった。敗戦によって家財を失い、リュックサックひとつ背負うと、貨車に乗って大邱を発つ。引き揚げの闇船で博多へ着き、連絡船と汽車を乗り継いで郷里の萩市へ。叔父の家に身を寄せた。

やがて母が島根県・益田で呉服店を開き、入江も中学校の美術教員となった。その後、東京で女流画家協会が発足したことを知り、上京する。中学校で美術教員を務めながら、ひたすら絵を描き続けたのだ。

入江自身は家庭を築くことはなかったが、末の妹が病弱なため、幼い甥を引きとって育てた。当時は荻窪に住み、近くに幼稚園もないので、毎朝、勤め先の八王子までおぶって連れて行く。隣の寺へ預け、夕方学校が終わるとまた連れて帰った。阿佐ケ谷に家を建てると益田から母を呼び寄せて家事を任せ、三人で暮らし始めた。長姉、一子の息子として育った入江潔は、伯母についてこう語る。

「僕にとってはお父さんとお母さんの両方を兼務する存在でした。すごく元気で努力家でもある。夏休みになると伊豆などいろんなところへスケッチ旅行に行き、自宅のアトリエでは日曜日に絵の教室もやっていた。とにかく絵一筋ですね」

〝絵の鬼〟と呼ばれた師

そんな入江に多大な影響を与えたのが、現代具象絵画を代表する画家・林武だ。入江は独立美術協会の創立会員である林に四〇年間師事し、毎年欠かさず独立展に出品し続けていた。

〝絵の鬼〟と呼ばれた師は「活き活きとした新鮮な絵を描かなければいけない」と言い、

入江が作品を見せると、「時間がある限り描いてこい」と何度も描き直させた。納得いくまで描いては消し、「建設と破壊」を繰り返す。そうして絵に魂を込めることで、画面の中から「人を引っ張る力」を描き出すことを学んだ。

幼少時に父を亡くした入江にとって、林は厳しくも慈父のような存在であったようだ。林も粘り強く励む弟子を導き、ある時、「清水の舞台から飛び降りた気持ちで描け」と背を押した。入江は暗く深い色調で力強く躍動する「魚」を描き、独立賞を受賞。当時最年少の四〇歳で独立美術協会の会員となった。

「どんなときも絵を描くことは欠かさなかった。絵に対する夢は一日たりとも忘れたことがないですから」

入江の若き日の絵をたどると、厚塗りの重厚な作品が目立ち、色彩も全体に暗い印象だ。後年の色彩豊かな作品とは対照的である。その画風が大きく変わる転機となったのが、五三歳で訪れた台湾旅行だった。台南からの留学生に絵を教えたことが縁になったというが、どのような刺激を受けたのだろうか。

「それまでは日本の風景画を描いていました。石仏の素朴な肌合いが気に入って、北海道から秋田、京都、奈良、九州の臼杵など全国の石仏を描いて歩いていたのです。そんなとき台湾へ誘われて行くと、台湾の石仏にはカラフルで造形的なものがたくさんあった。媽祖廟の屋根の上には『三国志』『西遊記』などの土人形が飾られていて、それは感動しましたね」

その色彩に惹かれて、古代中国の物語をモチーフに描き始めた。だが、それでは満足できず「もう一度、大陸へ渡りたい」と思いがつのる。いよいよ「シルクロード」をめぐる旅が始まろうとしていた。

イスタンブール、バーミヤン、トルファン

シルクロードの旅の出発点はイスタンブールだった。ボスポラス海峡に臨むホテルに宿泊した翌朝、窓辺が真っ赤に染まっていた。火事かとあわてて飛び起きると、目の前の海は朝日に照らされ、モスクがシルエットをなしている。燃えるような朝焼けの空を鳥が群れになって飛んでいた。

刻々と変わりゆく風景を眺めていると、ある景色と重なった。三十数年前に満州の嫩江で見た、あの夕景だ。そこには、ずっと目に焼きついていた嫩江と同じ色彩があった。入江ははやる思いでスケッチブックに色を重ね、帰国後に一〇〇号の作品を完成。「イスタンブールの朝焼け」と題した。それがシルクロードを題材にした最初の作品となる。

この絵を手がけた一九七五年、入江は敬愛する二人を相次いで亡くしている。絵を描く日々を支えてくれた母が脳出血で逝き、さらには恩師の林武も世を去った。尽きぬ悲しみの渦中で入江が描きあげた絵は、それまでの画風とがらりと変わり、鮮やかな色彩に満ちている。「イスタンブールの朝焼け」は、まさに入江が画家として一人旅立つ朝を象徴する作品でもあったのだ。

入江は憑かれたようにスケッチ旅行へ出かけていく。続いて訪れたのは、シルクロードの中心ともいえる中央アジア。インドのニューデリーからアフガニスタンのカブールへ。砂漠やオアシスを越え、バスに七時間揺られてたどり着いたのが、憧れのバーミヤン遺跡だ。

「岩山の崖に石仏がそびえ立ち、雲がさっと幾重にも流れていきます。光の加減でさまざまに彩られ、山の色も刻々変わっていく。それは神秘的で言葉にならないほどきれいでした」

入江は一〇号サイズのスケッチブックを合わせた二〇号の絵を描き、日本に帰ってから一五〇号の作品として完成させた。

「どんな土地へ行っても、絶対にその場で描く。印象だけじゃだめなんです」

訪れた場所で見たものをつぶさにスケッチし、できるだけ現場の雰囲気もとらえるよう工夫した。絵の具やクレパスなど画材を幾種も携え、通り過ぎる人物や景色はカメラで写真に撮る。当時は嵩張るテープレコーダーも持参し、祭りの音楽や民衆が話す言葉を録音した。日本へ帰国すると、そのテープを聴きながら、現地で集めた民俗品も参考にして、大作に仕上げるのが独自の創作スタイルだ。

「機内の持ち込みは二五キロまで。トランクいっぱい詰め込むと、ホテルを移動する度に閉めるのが大変で」と入江は楽し気に笑う。

インターネットもない時代では現地の情報が限られ、登山や辺境のツアーを専門とする旅行業者に頼るしかない。交通や宿泊も不便極まりなかっただろう。

一九七八年には日中友好美術教育訪中団の一員として、北京、大同などを訪問。煙はく汽車でゴビ砂漠を二四時間走り、さらにバスで三時間、たどり着いたのは〝砂漠の大画廊〟と呼ばれる敦煌だ。一〇〇〇年の歳月をかけて彫られた数百の石窟に圧倒された。天井には彩色豊かな飛天が描かれ、入江は懐中電灯を頼りに模写する。それが「敦煌飛天」という二〇〇号の代表作となった。

「敦煌へ向かう途中、柳園という駅で待っていると、トルファンのほうから汽車が来ました。赤い車輛で中国の音楽を鳴らしながら近づいてくる。私はそれを見て〝今度は絶対にトルファンに行くぞ〟と。だんだん奥へ奥へと旅したのです」

トルファン、カシュガル、パミール高原と西へ向かい、ブータン、チベット、パキスタン、ヨルダン、シリアなどの国々も旅した。標高四、五〇〇〇メートルの山岳地帯では高山病に苦しみ、灼熱の砂漠で体調を崩す旅行者も相次ぐ。辺境の地では独特の料理や香辛料が口に合わない人、眠れなくなる人も多かったが、大陸育ちの入江はどんな土地にもなじんでしまう。「最後まで食べるのも私。わりに丈夫なの」と朗らかにいう。

中国の山中をバスで走っていると落石があり、間一髪で直撃をまぬかれ、命拾いしたこともある。身の危険を感じることは幾度となくあったが、「あの風景を見たい」という一心でどこまでも足を運んだ。

そこで暮らす民衆にも惹かれる入江にとって、忘れがたい出会いは尽きない。その一つが、あのポルトガルの花屋だ。

「おばあさんと若い女の人が座っていて、『サカナ！』と言い合って怒っているの。ポルトガル語では相手を馬鹿にする言葉らしく、盛んに『サカナ』を連発しているのが不思議で、二人の関係は何だろうと想像しながら絵を描いていました。すると一〇年ぶりに訪ねたときも同じように『サカナ!』と言い合って怒っている。向こうも私のことを覚えていたようで、また来たのかという顔をするから可笑しくて。また行ってみたいですね……」

八四歳でのモンゴル訪問後も旅への意欲に満ちていたが、九〇歳を目前に腰椎を圧迫骨折した。寝たきりになるまいとリハビリに励み、家族の支えもあって自立した生活を取り戻す。もはや旅は難しくなったものの、絵の制作に復帰した入江は、やがて周囲も愕然とする提案をした。

「ニューヨークで個展を開きたい」

いわば、現代美術の最高峰が集う地で自分の力を試される果敢な挑戦だ。さすがに家族は猛反対したが、「これは私の夢。なんとしても成功させたい」と決意は揺るがない。その意思を汲んだ潔は、入江が現地へ行かなくても済むようにお膳立てを進めたが、「本人がどうしても行くと言って聞かず……」と苦笑する。

出版社に勤めていた潔は、作品搬出から、ポスター、パンフレットなどの制作まで手がけた。二〇〇九年一二月、ニューヨークの日本クラブで「シルクロード色彩自在」展を開催。ギャラリーを飾る大作の数々は多くの人を魅了し、大成功をおさめた。潔はその時の様子を振り返る。

「パリなど海外から訪れる人もいて、先入観なく絵に感動してくれた。この大きな絵を小柄な体で描いたパワフルさに驚き、九三歳のおばあちゃんに元気づけられたと。会場で世界中の人々から『ナイス、パワー!』『ナイス、カラー!』とハグされたのが本人はすごく嬉しかったようで、自信もついたと思います」

日野原重明との約束

入江の絵の何がこれほど人を惹きつけるのだろうか。

そもそも日本の美術界において、入江が画家を志した時代は才能ある女性でも世に出ていくことは苦難の連続だった。そうした中で洋画家の三岸節子、日本画の片岡球子、小倉遊亀らとともに、女性のパイオニアとして大きく評価される入江。その絵の特長を、入江の個展の構成を務めた美術評論家、平塚市美術館館長代理の土方明司はこう語る。

「前向きな人生に対する取り組み、常に新しいものを追い求めようとする姿勢は画家の世界でも珍しい。『文は人なり』と言いますが、絵にもまた人柄が表れます。入江さんの絵は理屈抜きに人を明るい気持ちにさせる。観る人を楽しませ、感動を与えるのは、彼女の精神や生き方が絵に込められているからでしょう」

展覧会でも好評を博した作品の一つが、「トルファン祭りの日」だ。たわわに実った葡萄棚の下でウイグルの歌舞団が踊りを披露する。その祭りを描きたいと願う入江は葡萄の実が成る灼熱の真夏に訪れた。夕闇の中、楽団が奏でる弦の音色にのって、あでやかな民族衣装をまとう女性たちが舞う。一心不乱に描いていた入江はホテルへ戻っても、照明の明るい洗面所でこの絵を描き続けたという。

のびやかで豊かな色彩の世界は地道に積み重ねた研鑽のもとに生まれた。さらに構成の要を成すのは、いつも「光」を意識していることと土方は評する。

「いろんな民族や風習、風景に興味を惹かれているけれど、入江さんが描く作品の根底には『光』が見える。その光とは『命』なのだと思うのです。光は生命の根源として扱われ、生命礼賛につながる。そうしたポジティブな考え方も反映され、人を幸せにする絵だと思います」

入江が独立展に大作を出し続けることも、自身の命と向き合いながらの挑戦だろう。年齢とともに体力の衰えや負担は増していくが、画家としてのフレッシュな感覚は維持しなければならない。土方はこうも言う。

「大作を描くということは画家としての才能を全部ぶつけること。ある意味では、その歳の限界を確認するということです。画家である限りはいかに苦しくても描かずにいられない。いわば生きることへの貪欲さが大作に駆り立てるのです」

高齢となっても生きることへの貪欲さを失わない入江。そんな彼女にエールを送った人物がいる。自身も一〇〇歳現役の医師として活躍していた、聖路加国際病院名誉院長の日野原重明だ。

出会いは二〇一二年、日本橋三越本店で開いたニューヨーク凱旋記念展で、二人の対談が実現した。入江は五歳年下だが、日野原とは山口県の同郷で、彼の妻が幼い頃に独立美術協会に所属する画家から絵を習っていたこともわかり、話がはずむ。

「日野原先生は『一〇〇歳はゴールではない、関所である。一〇〇歳の坂を越えましょう。五年後、入江さんが一〇〇歳になったら、またここで再会しましょう』と。その約束が励みとなりました」

二人の約束は見事に実現する。二〇一六年一〇月、一〇〇歳を迎えた入江は再び日本橋三越本店で個展を開き、日野原と再会。二人はさらなる五年後の約束をかわした。日野原が「ここで皆さんと『シー・ユー・アゲイン！』」と元気に呼びかけると、満場の拍手が沸く。

だが、その約束は果たされなかった。

「これが先生からの最後のお手紙です」

二〇一七年一月、入江のもとへ届いた手紙だ。そこには日野原に贈った絵への礼が述べられていた。花が好きと聞いて、赤や黄の温かな色合いで大輪のバラを描いたもの。日野原はその時病床にあったが、「養生をして五年後の入江さんとの再会に備えたい」と綴られている。それから半年後、日野原は一〇五歳の生涯を終えた。

日野原の訃報に入江が憔悴しているのではないかと周囲は案じた。美術館のスタッフ、吉岡範子もすぐ電話をしたが、

「『もちろん悲しいけれど、私はあの二〇〇号の絵を描かなきゃいけないから』と。独立展に出すと言った以上は最後まで完成させるのが自分の役目、という使命感がある。その言葉を聞いたときに安心したんです」と顧みる。

それがアトリエにあった描きかけの絵、「追想フラワーショップ」だ。あふれんばかりの花を描く胸中には、亡き人を悼む追慕の念もあったのかもしれない。

入江は圧迫骨折の後も入退院を繰り返し、弟子をはじめ自分より若い仲間たちも先立っていく。そうした悲しみや困難に直面しても黙って乗り越える強さを、息子の潔は幾度も見てきた。

「後ろは振り返らない。キャンバスに向かったらもう次の目標に向かうのです」

幻の青いケシの花

二〇一七年一月、上野の森美術館で「入江一子100歳記念展—百彩自在—」が開催された。二〇〇号と一〇〇号の大作を中心に、約一五〇点を展示。自身の集大成となるこの回顧展を終え、入江は画家人生に一つの区切りをつけるつもりでいた。

その後、体調を崩した入江は日常生活も危ぶまれるほどになる。ところが、NHK「日曜美術館」への出演が決まり、真っ白なキャンバスに向き合うことに。するとまた気力が蘇り、一気に一枚の絵を描きあげる。「四姑娘山《スークーニャンシャン》の青いケシ」だ。

中国の成都からチベットへ向かう四姑娘山麓に咲いているという〝幻の青いケシ〟の花。それを見るためには山中でのテント泊をともなう強行軍となる。意を決して訪れたのは七六歳の夏。標高三六〇〇メートルのベースキャンプを拠点に登山にのぞんだ。入江は馬に乗って行くが、山道はひどく揺れる。それでも草原にはエーデルワイスなどの花が咲き乱れ、ヤギや羊も群れて、のどかな風景に心なごむ。チベットの娘たちが楽しげに唄いながら、籠に草を摘んでいた。

やがて四〇〇〇メートルほどになると、写真を撮ることさえ息が切れる。突然、霧が流れ、雨で見通しも悪くなってきた。やむなく引き返そうとしたところ、青いケシの花が一面に咲いているのが見えた。はるばる訪れた四〇〇〇メートルの高地にひっそりと咲く幻の花。まるで幻想の世界に誘われるようだった。

入江は帰国後、二〇〇号の作品に仕上げて、独立展に出品している。

「でも懐かしくて、もう一度描いたのです。あの風景も、すっかり頭の中に入っているから」

なぜそこまで大作にこだわるのか。入江はひと言、答えた。

「生きている限りは、絵を描き続けたい」

最近は体力の衰えがつのり、足腰の痛みも辛いと洩らす。ただ描きたいと思う精神力が支えてくれるだけ。家族、スタッフの助けを得て一人で暮らし、寸暇を惜しんでキャンバスに向かう日々だ。

それでも「今が一番、絵がわかる」と嬉しそうに言う。今、入江の目には何が映っているのだろう。

「絵というものは表面的に描くだけじゃなく、人の心の奥の奥まで表現し、観る人を引っ張っていく力がなければだめだと思う。旅先の風景もただ写すだけじゃなく、観る人を遠く海の向こうへ引っ張っていけるような絵を描きたいのです」

シルクロードに魅せられて訪れたのは三十余国。その中には今や戦禍に脅かされ、立ち入ることのできない地がある。ならば絵に描くことで平和を祈り、出会った純朴な人たちの姿を伝えたいと思う。

旅先で描き続けた作品の中には、入江自身が登場する絵が一枚だけある。先に挙げた「四姑娘山の青いケシ」だ。花咲く草原のかなた、馬に揺られる小さな人影が見える。「もう一度、訪れたい」という願いも込められているのだと――。

今もキャンバスに向かうと、いつのまにかその風景の中に入り込んでいる。

一〇〇歳を越えてもなお、シルクロードをめぐる旅は終わらない。

5　浅草神社奉賛会会長　鈴木秋雄　一〇二歳

命ある限りは神輿を担ぐ

五月晴れの空にお囃子の音が鳴り響き、「オイサ、オイサ！」と威勢よい掛け声が迫り来る。揃いの袢纏姿、宮神輿を背に揉み合う担ぎ手たちが近づくと、自宅前に座って待ちかまえるその人はすっくと腰を上げた。

ねじり鉢巻きに袴の裾をはしょり、若衆に守られながら、人波をかきわけて神輿のもとへ。担ぎ棒を肩に載せるや、わずかながらも慣れた調子で上下に体を揺らす。もみくちゃになって担ぎ終えると、満面に笑みを浮かべた。

「神輿を担ぐと、ほっとします。今年もやっと担げたな、とね」

一〇二歳で迎えた二〇一八年五月の「三社祭」で、氏子団体である浅草神社奉賛会会長の鈴木秋雄は〝現役最高齢の担ぎ手〟として雄姿を飾った。

5　浅草神社奉賛会会長　鈴木秋雄　102歳

東京・台東区で浅草神社の氏子四四ヶ町が一堂に会し、毎年五月の第三金・土・日曜日に行われる三社祭。勇壮で華やかな神輿渡御が繰り広げられ、約一八〇万人の人出を誇る。戦前から材木業に携わり、浅草の復興に尽力してきた鈴木は、一〇二歳の今なお運営の最高責任者である筆頭総代をつとめている。

「お祭りを守る責任があるから、やめるわけにはいかない。とにかく命ある限りは、神輿を担ごうと思うわけです」

三社祭の初日は、お囃子屋台を先頭に鳶頭の木遣り、浅草芸妓連による手古舞や組踊りなどが連なる大行列が浅草の町に祭礼の始まりを告げる。二日目には例大祭式典が斎行され、氏子四四ヶ町の町内神輿約一〇〇基が神社境内に集結。お祓いを受けて、鳥居からそれぞれの町へ戻っていく。

そして最終日を彩るのが、三基の宮神輿が練り歩く「本社神輿各町渡御」だ。

当日午前五時、参道に安置された「一之宮」「二之宮」「三之宮」の神輿渡御の安全を祈る神幸祭が厳粛に行われ、氏子の担ぎ手らが入場する。筆頭総代である鈴木が挨拶し、「いよっ!」と三本締めでしめると、神輿の進行を示す御幣と拍子木、襷が渡御責任者に授与される。

午前六時、いよいよ「宮出し」だ。宮頭の一本締めを合図に三基の神輿が担ぎ上げられ、境内にはあふれんばかりの歓声が高まる。渦巻く人波はお囃子の音にのって町へ繰り出していく。浅草の町は東部一二ヶ町、西部一六ヶ町、南部一六ヶ町の三方面に分かれ、三基の宮神輿が渡御する方面は毎年変わる。東・西・南部各町の担ぎ手が順に引き継ぎ、一日がかりで順路を回るのだ。

「それはもう真剣です。一日が無事に過ぎ、何事もなく帰ってくるようにと」

長年、西部の連合町会長もつとめた鈴木は、自身も欠かさず神輿を担いできた。今はさすがに足腰の無理がきかず、わずか数十秒担ぐだけとなったが、腕っぷしはまだ衰えていないと笑う。

「若い頃から材木を担いできたから、肩には自信がある。ちゃんとコツがあってね、波打つ棒に合わせて担げば、何とも苦ではないですよ」

ラバウルの激戦

実は生粋の〝浅草っ子〟ではなかった。生まれは千葉県の馬来田《まくた》村（現・木更津市）、七人兄弟の末っ子として育つ。小学校を卒業すると、親兄弟には止められたが、自ら望んで東京へ。木場の材木店へ丁稚奉公に出た。六年ほどで店が潰れて蒲田の材木店へ移るが、そこも商売が立ち行かない。一九歳のとき、縁あって入ったのが浅草の「鈴秀」。当時、家具材によく使われた秋田杉を扱う店だった。

懸命に仕事を覚えるうち、その働きぶりを見込まれる。浅草で二代目を継いだ主人夫妻には子どもがなく、「跡を継いでくれ」と頼まれたのだ。鈴木は主人の妹を嫁にして、養子に入ることになる。昭和一六（一九四一）年四月に結婚。それから三カ月後に召集令状が届いた。

北海道で一年半、続いて三年半赴任したのはパプアニューギニアのラバウルだった。日本の陸海軍は南太平洋諸島の確保や機動部隊の支援などを目的にラバウルへ進出。零戦など精鋭の航空部隊を結集し、まさに激化する攻防戦を展開していた渦中である。習志野九〇連隊の鈴木が就いた任務は照空隊であった。

「高射砲隊とともに防空任務にあたりました。夜間に米軍の戦闘機が飛んで来ると、照空灯で空を照らして機体を捉え、高射砲隊が砲撃する。我々は夜中ずっと起きているので、危険な目に遭うことは幾度もあった。とにかく周りを照らしているものだから、敵機も真っ先に目がけて機銃掃射を射ち込んでくるのです」

その度、命からがら壕の中へ逃れていたが、あるとき右足に大怪我を負った。傷口は化膿して膨れあがり、マニラの野戦病院で切断することに。だが、運よく中隊の軍医が外科医だったため任地で手術を受けられ、切断を免れた。南方の過酷な環境ではマラリアで命を落とす戦友も後を絶たなかったが、術後に半年間療養できた鈴木は回復に向かう。終戦の翌年三月には復員することができた。

「明日をも知れない戦場をくぐり抜けてきたから、どんなことがあっても驚かなくなった」と、鈴木は淡々と顧みる。

廃墟となった浅草

浅草の町は東京大空襲で焼失し、一面の焼け野原に変わり果てていた。養父は戦時中に他界し、同居していた祖父母は木更津にある鈴木の実家へ疎開。妻は母親とともに、静岡へ嫁いだ実姉のもとへ身を寄せていた。住む家は無く、家財も失くした鈴木はどう生きていけばいいのかと途方に暮れる。それでも廃墟となった浅草で無一文から出直すしかなかった。

どうにか亀有にいた戦友の家に間借りでき、進駐軍の仕事を請け負う建築会社で職を得た。幸い養父が持っていた二五坪の土地だけは残り、瓦礫の山を撤去して家を建てようと思い立つ。復員後に給付された家族手当が二〇〇〇円ほどあり、それを元手にバラックの家を建てた。

その間、鈴木は静岡にいる妻のもとへ通い、やがて身ごもった妻を浅草へ連れ帰る。新居といえど雨戸も無く、ベニヤ板を張っただけの粗末な家屋。そこへ祖父母と母、戦争未亡人となった妻の姉と姪も呼び寄せ、大所帯で暮らし始める。翌年二月には長男が誕生。家族を養うため、鈴木は一人で商売を立ち上げた。

「うちの戦前のお得意さんが一軒あったの。おもちゃ屋さんでね、材木が無くて困っていると言うから、『じゃあ、探してやるよ』と引受けた。材木屋といえば、木場か深川あたりでしょう。そこへ行けば、昔なじみの友人から分けてもらえたし、私が商売しているというのがわかると品物を売り込みに来る人もいる。それでうちも生き返ったね」

浅草で初代が明治三五年に創業した「鈴秀」の名を継いで、材木商を再興。戦後の復興のもと事業は順調に伸び、建材・木材問屋「鈴秀ハウジング」として従業員も増えていく。高度経済成長に向けて材木業も様変わりするなか、鈴木は東京材木商協同組合の理事職に就き、ますます多忙を極めた。

一方、地域の活動にも熱心に取り組んだ。その一つが、昭和二三（一九四八）年に創立した台東区軟式野球連盟「盟友会」だ。地元の商店や会社の有志で結成したチームで早朝試合に明け暮れ、全盛期には一〇〇チーム以上に増える。「鈴秀」のチームでは、「ポジションはライト、打順は五番」を譲らなかったと鈴木は懐かしむ。浅草は往時の活況を取り戻し、戦争で中断されていた「三社祭」も復活した。

神輿の担ぎ手がいなくなった

戦後の三社祭の歩みは、そのまま「浅草」の盛衰とも重なり合う。浅草で生まれ育ち、長年浅草神社奉賛会で鈴木を支えてきた永野章一郎は、終戦直後の光景に思いをはせた。

「焼夷弾で焼け落ちた町の光景は凄まじかった。東京大空襲では三月一〇日のひと晩で一〇万人以上が亡くなったといわれています。下町が中心に狙われ、浅草、本所、深川のあたりが一番ひどかった。しかし、戦後の復興で開発の手は西へ伸び、下町は置いてけぼりにされたのです」

浅草神社の本殿と拝殿は奇跡的に残ったが、浅草寺の本堂と五重塔も焼失し、三社祭の象徴である宮神輿も、焼夷弾の直撃を受けて全部燃えてしまった。

「このままでは浅草がダメになってしまう。何とかして三社祭を復活させて浅草を元気にしようというのが浅草っ子の悲願であり、心意気でした」

まずは宮神輿を作ろうという気運が盛りあがる。昭和二五（一九五〇）年には氏子が寄付をつのって「一之宮」「二之宮」を作り、二年後には「三之宮」が完成、三社の御祭神を載せる三基が揃った。氏子各町の町神輿も焼けてしまったので、どの町会もこぞって神輿を作った。こうして三社祭は復活を遂げたのである。

浅草で紳士服店を営んでいた永野は、当時の賑わいを振り返る。

「観音様の町でありながら、六区の興行街、吉原という遊郭もあり、清いものと淫らなものが混然としていた。訪れる人は六区で映画を観て食事をし、夜になると吉原へ行って、冷やかしたり遊んだりという時代があったのです」

それが陰り始めるのは昭和三三年、いわゆる〝赤線〟廃止で吉原の灯が消えた。さらには東京オリンピック後、家庭にテレビが普及し、映画が斜陽になっていく。全盛期には三十数軒の映画館やストリップ劇場が建ち並び、国際劇場や浅草フランス座など演劇を楽しむ人々であふれかえっていたのが次々に幕を閉じる。浅草は徐々に廃れていった。

人通りが減り、物騒にもなる。浅草は「怖い町、暗い町、汚い町」と言われるようになった、と永野は苦笑する。

そんな浅草で、ようやく再開された三社祭の存続も危ぶまれていく。肝心な神輿の担ぎ手がいなくなったのだ。

「町の青年部の連中が外へ働きに出ちゃったんです。商社や銀行へ行ったり、公務員になったり……良いところに勤めたら戻ってきませんよ。神輿を一基担ぐには、交代もしなくちゃならないから最低一〇〇人は必要です。ところが、五〇人揃えるのも大変になった」

人を集めようと、青年部が自分の友だちを引っ張ってきて同好会が出来た。そうして三社祭は再び活気を取り戻した。

浅草がどん底の時代を抜け、再び上向いていくのは昭和五〇年代半ば頃からだ。古き良き伝統を見直そうという気運が高まり、隅田川花火大会が再開され、雷門から浅草寺へ詣でる観光客も増えていく。

三社祭に参加する同好会の数も増え続け、数百人を超えるところも出てきた。しかし、今度はあまりに巨大化した同好会の存在が問題となる。警備にあたる警察も把握できない数になり、秩序が乱れ始めたのだ。祭りを運営する奉賛会の総代らも頭を悩ませたという。

神輿を担げるのは町会が認めた同好会に限り、祭りのルールを守り、揃いの袢纏を着ることが必須。ところが、刺青もあらわに裸で担いだり、さらには神輿の上に乗るような荒くれ者も出てきた。奉賛会では厳しく警告してきたが、近年になってとうとう大事に至った。

中止された「宮出し」

平成一八（二〇〇六）年、浅草寺の本堂前で「二之宮」の神輿に十数人が乗り、担ぎ棒が折れてしまったのだ。翌年には奉賛会も決意し、「神輿に乗ったら、来年は本社神輿を出さない」と宣言した。しかし、またも乗る者が相次ぎ、平成二〇年には本社神輿の渡御を中止することを決定したのである。

決断にいたるまでには、波風も大きかった。本社神輿が繰り出す「宮出し」は三社祭のクライマックスを彩る神事。それを中止するというのは、過去の歴史においても異例の事態だ。総代の中でも意見は賛否分かれ、祭りを楽しみにする各町会の氏子からは反発の声があがった。

そうした意見をまとめ、決断の責務を負ったのが、当時九〇代で筆頭総代を務めていた鈴木である。宮出しを中止するにあたり、祭りの当日は警視庁から護衛が数人つくほど身の危険にも晒されたが、鈴木の胸には揺るがぬ思いがあった。

「神様をお祀りしているところへ土足で上がるのは絶対に許しがたいこと。最後は気持ちひとつで祭りを守りたかった」

祭りは無事終わり、その後は秩序も守られるようになった。同じ志をもつ総代の永野は、鈴木にこんな信頼を寄せていた。

「なにより謙虚で決してえばらない。他人を悪く言うことがないから、敵もつくらない人。人柄も温厚で穏やかな方だけに、三社祭の氏子各町をまとめるのはふさわしいと思います。人に対する優しさや思いやりがなければ、後についてきてくれないでしょうからね」

五〇年振りの〝舟渡御〟

家庭では三人の息子を授かり、八人の孫と五人のひこ孫にも恵まれた。一〇〇歳を越えてなお、鈴秀ハウジング会長、浅草神社奉賛会会長、盟友会会長と三つの会長職をつとめる鈴木は、家族の目にどう映っているのだろう。

「なにしろほとんど家にいなかったものですから」と朗らかにいうのは、三男の鈴木良三だ。幼少のときは二階建ての木造家屋で両親と兄二人、伯母と従姉、祖母の八人で暮らし、従業員も一〇人ほど抱える大所帯。家の切り盛りは母に任せきりだった。鈴木は組合の理事長や千束二丁目西町会の町会長もつとめ、あちこち行事に呼ばれて忙しく駆け回っていた。

それでも家にいれば、キャッチボールをしたり、好きな寿司屋に連れて行ってもらえる。家族旅行にもよく出かけた。

「親父は優しくて、怒られたことは一度もないですね。いつも怒るのはおふくろで、浅草の女らしく気丈な人。親父のこともしっかり陰で支えていました。だから、銀婚式、金婚式などの祝いは欠かさず、母に感謝していた。七二歳で勲五等を授与された時はパーティの席でも『妻のお陰』とねぎらう言葉をかけました」

父の思い出は、やはり祭りの記憶と重なる。生後間もない頃から父に肩車してもらって山車を曳き、子供神輿を担ぐ。その頃から本社神輿を担ぐことに憧れた。

「小学生の頃は危ないからと大人に止められ、神輿に突っ込んでも『ガキはどいてろ！』と跳ね返されてしまう。でも、中一になるとぐっと背が伸びて、担げるようになった。本社神輿は神々しいし、ずっしり肩にかかった重みは今でも覚えています。親父に報告したら、『よくやった』と褒められました」

二人の兄は家業を継ぎ、自分は商社に就職して家を離れたが、祭りには帰って神輿を担いできた。退職後は会社を手伝うようになり、今は長男と次男の息子たちが仕事を受け継いでいる。

次男の息子である鈴木雄一郎にも、優しい祖父のイメージしかない。小学生時代、野球のクラブチームで試合があると観に来てくれ、食事をしながらプレーを褒めてくれる。三社祭では従兄弟と一緒に神輿を担いでいたが、実は中学・高校時代は祭りから離れていたと洩らす。

「やっぱりちょっと照れもあって、おじいちゃんも『祭りに出ろ』とは言わなかった。でも、大学一年になった年に本社神輿を担ぎ、自宅前で待っていた祖父に『今年から担ぎます』と言うと、嬉しそうな顔をしていました」

八〇歳で浅草神社総代になった祖父は、外ではまた違う姿を見せていた。毎年大晦日には浅草寺で除夜の鐘を突く一〇八人に選ばれ、力強い音を響かせる。三社祭の間は社殿に詰め、たえず気を張っていた。宮出しのときは、境内を埋め尽くす氏子の前で音頭を取る姿が誇らしかったと孫の雄一郎は語る。その宮出しが中止という苦渋の決断を迫られたときも何も言わず、毅然とのぞむ姿があった。

それでも心労がたたったのか、宮出し中止の翌二〇〇九年一一月、鈴木は肺炎で入院。救急車で搬送されたときはすでに血液の中に菌が入り、重篤な病状だった。翌日には危篤状態に陥り、医師に最期が近いことを告げられる。息子たちは葬儀に備えて、やむなく自宅へ戻った。

「ところが家で葬儀の話をしていたら、病院から電話があって『意識が戻ったから、すぐ来てくれ』と。思わず頬をつねりましたね」と、息子の良三は振り返る。

九三歳にして一命をとりとめた鈴木は、それから大病することもなく、また神輿を担ぎ始めた。息子が感動したのは、中曽根康弘元首相の九六歳の誕生日を祝う会でのこと。浅草神社総代として招かれた鈴木は九八歳の最高齢、紋付に袴姿で颯爽と参列し、パーティ後に中曽根と握手を交わした。傍らにいた良三は、鈴木が中曽根の耳元でささやいていた言葉が忘れられなかった。「来年もお神輿を担ぐから、あなたももう一度日本を担いでほしい」と。

大病を乗り越えた鈴木は、三社祭の総代として、一大行事に挑んだ。今も最も心に残るという、七百年祭での「舟渡御《ふなとぎょ》」である。

舟渡御とは、三基の宮神輿を浅草御門の乗船場へ運んで舟に移し、隅田川を漕ぎあがり、駒形岸か花川戸岸から上陸して、浅草神社へ担ぎ帰るという古儀。江戸時代に始まったが、その由来は古く、約一四〇〇年前の三社の神話に基いている。漁師の檜前《ひのくま》浜成・竹成兄弟が隅田川で漁をしていると、人型の像ばかりが網にかかる。不思議に思い、郷土の文化人であった土師真中知《はじのまつち》に問うと、聖観世音菩薩の尊像であると告げられた。信心深い兄弟は大漁に恵まれ、土師真中知は寺を興して観音像を祀った。それが浅草寺の起源であり、この三人を三神として祀ったのが三社権現社（浅草神社）の始まり。その祭礼が「三社祭」である。

三社の神話に基いて、戦後五十数年途絶えていた舟渡御を、三社祭斎行七〇〇年にあたる平成二四（二〇一二）年に再現しようという声が上がったのである。中断前に参加していた鈴木も尽力した。

「五〇年前は役員として船に乗っていました。けれど、あの時の経験者は二、三人しか残っておらず、いざ再現しようと思っても昔の資料は残っていない。古い写真しか見つからず、それだけが頼りで苦労しました」

平成二四（二〇一二）年三月一八日、半世紀ぶりに「舟渡御」が盛大に行われた。その朝、浅草神社を出た三基の本社神輿は隅田川の東参道桟橋に担ぎこまれた。船着場に留まる船には神官、鳶職人らがひかえ、神輿が載せられていく。

たゆたう波間を厳かに進んでいく古式ゆかしい三艘の船。さらに十数艘の屋形船などがしたがう。その先頭を率いる総代船は紅に彩られ、神社総代と宮司らが静粛な面持ちで乗っていた。河岸には舟渡御を見守る氏子らがびっしり詰めかけ、「まさに浅草中が一致団結した出来事」だったと、鈴木は振り返る。

祭りは人生そのもの

祭りの伝統を守ることで、浅草を盛りあげたいと願う鈴木は、若い世代と関わることもいとわない。毎年、台東区内で開かれる「したまち演劇祭」では劇団「文学座」の有志と交流を深めている。その橋渡しをしたのが、文学座団員で鈴木の孫娘である亜希子だ。

文学座の創設に関わった久保田万太郎は、浅草で生まれ育った生粋の江戸っ子文人である。明治・大正・昭和三代にわたり移りゆく町を舞台に、浅草の人たちの粋やその日常を描く作品を多数書いている。その芝居を演じるため、亜希子は祖父に教えを請うた。

「万太郎の作品に意味のわからない浅草の言葉が出てきても、おじいちゃんはすぐに答えてくれる。生き字引のように何でも知っているから、貴重な意見を聞けます。劇団仲間もおじいちゃんに会いに来たり、お祭りで神輿を担ぐようになったり。お祭りのシーンを演じても、おじいちゃんのやっていることがそのまま芝居につながるんです」

万太郎が浅草をめぐって綴った『浅草風土記』に、こんなくだりがある。

〈……五月、三社さまのおまつりのうわさがきこえはじめて、その水の匂は日に日に濃くなった。そして一六日の宵宮、はやくも明日を待ち兼ねてのうき立つはやしの音をのせ、軒々の注連を、提燈を、その提燈の上にかざした牡丹の造花をふいてわたる夕かぜの、いかに生き生きと、あかるく、すがすがしかったことよ。……途端に、その界隈、くッきりと、影あざやかに「夏」の極印がうたれたのである。〉

万太郎が描くような三社祭の思い出は、浅草で生まれ育った亜希子にとっても鮮明によみがえる。幼い頃から父に肩車されて神輿に加わり、祭りの日は何をおいても神輿を担ぐほど好きになった。今は同じマンションに祖父と隣り合って住んでいる。

「私もおじいちゃんも一人暮らし。お互いに心配だから、『ちゃんと生きてるか?』『大丈夫?』などと電話しあい、一緒に飲むこともあります。今は頼もしい同志みたいな感じですね」

二〇一六年、妻に先立たれた鈴木は、二〇一七年、七〇歳の長男もがんで亡くした。病状を明かすことなく、仕事も全うした末の最期。それだけに傷心も大きかった。

亜希子が祖父を案じ、朝、部屋を訪ねてみると、鈴木は一人泣いていたという。「私が先に死ねば良かった」と洩らす祖父の深い悲しみを思うと、自分も身を切られるように辛かった。

二〇一七年五月の三社祭、鈴木は喪に服すため、神輿を担がないことを決める。当日は神社へも行かず、自宅前で本社神輿を迎えることにしたのだ。だが、神輿が近づくほどに、担ぐ姿を期待する人の目が集まる。家族も気が気でなく、本人も最後まで迷っている心中が伝わってくる。やがて神輿が到着し、観衆が手拍子で迎えるなか、鈴木は椅子から立ち上がった。身構える周囲に、鈴木はにこやかに手を振って神輿を見送った。その姿にまた拍手が湧いた。

ぐっとこらえた祖父の背に胸が熱くなったという孫の亜希子。どんなときも志を貫く祖父は憧れの存在でもある。

「浅草の町や人とつながる縁を大事に守り、いつでも感謝する気持ちを忘れない。おじいちゃんの背中を見ながら学ぶことは多いですね」

その背に担ぐ神輿の重みは、この地で生きるなかで年々増してきたことだろう。鈴木はなお自身を鍛える努力を怠らない。体を動かすことを欠かさず、足腰が衰えないよう努める日々。何とか毎年神輿を担ごうと思っているからだ。さらに長生きして東京オリンピックの開会式をこの目で見たい、とも。そんな鈴木を息子の嫁たちが支え、長年鈴木の傍にいた、姪の門井京子も微笑む。

「祭りとなれば、着物や袴の支度も全部自分でして、人の手を借りない。さすがに心配だから付いていくけど、会場へ着くと途端にしゃきっとします。お神輿も今年で最後かなと思いながら担がせるけれど、本人はもう元気になっちゃって。お祭りが近づくと体調もよくなるのね」

今でも大切に持っているものがあると照れながら、鈴木が懐から小さなお守りを取り出した。千葉の実家を離れるときに親が持たせてくれたもの。このお守りのおかげで、ラバウルの戦地でも弾に当たることなく済んだという。「命の恩人」を、鈴木は今も四六時中身に着けている。

生まれ故郷を離れ、浅草で過ごした歳月は八十年余。生粋の〝浅草っ子〟ではないからこそ、この町の粋や人情の温かさは肌身に沁みていた。ならば浅草に命ある限り尽くしたいと、心に刻んでいる。

「三社祭は私の生き甲斐。祭りは、人生そのものだから」

その背にまたあの艶やかな宮神輿を担ぎたい。浅草を背負う鈴木の目は既に、新たな年を見つめていた。

6　児童文学者　森比左志　一〇一歳

『はらぺこあおむし』

子どもたちが愛する絵本の世界で驚異的なベストセラーがある。半世紀にわたって五〇カ国で出版され、世界中で四四〇〇万部を超える人気ぶり。一九七六年に刊行された日本版は累計四〇〇万部にのぼる。子育てする親たちから絶大な支持を受けているのが、アメリカの絵本作家エリック・カールが描いた『はらぺこあおむし』だ。

ある月夜の晩、葉っぱのうえに産みつけられた小さな卵。おひさまがのぼって、あたたかい日曜日の朝が訪れると……、

〈ぽん！　と　たまごから　ちっぽけな　あおむしが　うまれました。
あおむしは　おなかが　ぺっこぺこ。〉

さっそく食べものを探し始めると、月曜日にはりんごをひとつ、火曜日にはなしをふ

たつ……。土曜日にはチョコレートケーキ、アイスクリーム、ピクルス、チーズなど、たくさん食べたあおむしはどうなるの？――。お話を聴く子どもたちの目は輝き、心もわくわくはずむ。

〝色の魔術師〟と呼ばれるエリック・カールが貼り絵の手法で生み出す、カラフルであざやかな美しい絵。美味しそうな食べものやページのあちこちにちりばめられた楽しい仕かけ。さらに子どもたちを惹きつけるのは、リズミカルで歯切れのいい日本語の言葉の響きだろう。

訳者の「もりひさし」は、エリック・カールをはじめ、ガブリエル・バンサン『くまのアーネストおじさん』シリーズなど海外の人気作品の翻訳を手がけてきた。日本の幼児向け絵本では、「こぐま社」の設立にたずさわり、ロングセラーとなった「こぐまちゃんえほん」シリーズを制作。『ちいさなきいろいかさ』など創作絵本の作家としても知られる。

一方、教育評論や短歌の世界では「森比左志」として尽力し、二〇一八年一〇一歳を迎えた重鎮だ。現在も、児童文学作家、教育者、歌人と三つの顔をもち、旺盛に活動しているこの人は、いったいどんな人物なのだろう。

6　児童文学者　森比左志　101歳

もはや教師じゃない

初めて森に会ったのは二〇一七年一〇月半ば、一〇〇歳の誕生日から間もない頃だった。東京・中野の自宅を訪ねると、廊下から階段へと本の山が続く。書斎では天井に届く本棚にもおさまらず、居間の隅々まで絵本や古書が積まれている。一九世紀以降の世界の名作絵本を集めた「森コレクション」は三〇〇〇冊にのぼるという。

妻を早くに失くし、一人住まいの森のもとには絵本の講座や創作教室の依頼がたえず、かつての教え子たちから誘いの連絡も入る。二人の娘は近所で暮らし、五人の孫と四人の曾孫もよく訪れる。一〇〇歳のお祝いに好きな熱帯魚と水槽一式を贈られ、朝晩の餌やりが日課となった。

「うちでは誕生会を二度やってくれるんです。一回でいいと言っても、孫はケーキを二回食べられるからってね。暦では一〇月二日が誕生日ですが、本当は七月一八日生まれ。おやじが役場に届けるのを忘れたらしい。あるとき、助役さんにあまり遅くなると罰則だと脅かされ、慌てて役場へ行ったが、誕生日がいつか忘れてしまい、『すいませんが、今日の日にしといてください』と。そのひと言で一〇月二日になった。おふくろもおとっつぁんはしょうがないねぇ、と呆れてました」

本名は森久保仙太郎。神奈川県津久井郡日連村（現・相模原市緑区）で、農家の三男として生まれた。長兄は貧しさゆえに尋常小学校を卒業後、役場で書記を務め、独学で高等文官試験に合格して内務省の官吏にまでなった人。兄と母親の願いもあって、森は師範学校へ進学する。小学校教諭を志すが、日増しに戦時色が強まるなか、その道は紆余曲折を経ていく。

師範学校といっても半分以上が軍事教練だった。その合間に国語や数学など普通の学科を学ぶ日々。師範学校を五年で卒業すると、短期現役兵として軍隊へ。五カ月で伍長になって除隊した。

昭和一二（一九三七）年九月、横浜市の保土ケ谷小学校へ着任。だが、横浜上空を飛ぶグラマン戦闘機におびやかされ、生徒も次々疎開していく。やがて街は焼け落ち、森も郷里へ戻る。そこで地元の小学校に赴任するが、授業どころではなかった。

「三、四年生はどんぐりを拾い、東京へ送ると食料の補給になる。五、六年生と高等科の生徒は山で松の木の枯れた根っこを掘るんです。火であぶって油を搾ると、軍事用に使われた。いわば生徒と一緒になって戦争協力するわけだから、もはや教師じゃないと思っていました」

そんな森のもとに召集令状が届き、甲府の陸軍歩兵四九連隊へ入隊した。布陣をされたのは房総の東海岸、アメリカ艦隊が上陸すると目された第一候補地だ。米軍上陸阻止部隊の分隊長となった森は伝令使を任される。駐屯地から自転車で一時間ほど走った千倉の町に師団司令部があり、師団長命令が毎日発令される。それを命令受領簿に鉛筆で書き写し、また自転車で戻って中隊長に報告するのだ。

部隊では米軍上陸を阻止する訓練に明け暮れた。最初に戦車の襲来があり、日本軍を押し潰したところへ艦隊が上陸すると想定し、分隊に課せられたのはまず戦車を爆破すること。兵隊は自身の体に爆弾を縛りつけ、戦車に飛び込むという戦術だ。そのため松林にタコ壺を掘って身を隠し、青竹で作った戦車が目前に来たら、分隊長の号令で飛び込む訓練を重ねた。

「しかし、いざ本番というときに『飛び込め』と言っても、怖れをなして逃げる兵隊が出てくるだろう。そこで中隊長と話し合い、最後にこれ以外ないという号令が一つだけあった。『俺に続け』です。分隊長の私が『俺に続け』と言って飛び込めば、兵隊たちも逃げられないでしょう」

その時が来たら、真っ先に身を挺して命を捧げる。覚悟を秘めた言葉は、口にすることなく終わった。終戦前日の八月一四日、森が書きとめた師団長命令は「明日正午、陛下の詔勅によって戦争は終結する」というもの。だが、当日は兵隊に聞かせぬようラジオから遠ざけるように、とも命じられたと明かす。

北へ逃げる

それでも隠しようはなく、敗戦を知った部隊は混乱をきわめた。房総半島には二〇万の兵が取り残され、食料もとだえて憔悴する。さらに連合国軍最高司令官として来日したマッカーサーから、「銚子と厚木を結んだ直線以南の兵はアメリカ軍捕虜とみなす」と指令が出る。兵隊たちは堰を切ったように北へ逃げた。

「そのときふと頭に浮かんだのです。房総線ではまだ人間を乗せる電車は走っていなかったけれど、馬や豚を運ぶ車両を時々見かけたことを。もしかしたらと思い、トンネルの入り口で待っていると、馬を乗せる車両が二台ほどゆっくり走ってきたので潜り込みました。藁が積まれた中に身を隠し、隙間から覗くと、なだらかな畑のかなたに太平洋の海原が光っている。蟻の子のように日本の敗残兵が北へ向かって移動する姿も見えました」

電車に揺られて千葉駅までたどりつくと、相模湖方面へ向かう貨物列車が出る寸前だった。慌ててその車内に潜り込むが、栄養失調で骨と皮のごとく衰えた体は変調をきたし、意識も朦朧としていく。小仏トンネルを越え、相模湖が見えてくると、まもなく郷里の藤野駅が迫ってきた。

「駅を通過するときに速度が緩くなるので、そこで飛び降りたらしい。私はそのまま気を失って、自分が生きているか死んでいるかもわからなかった。村の人が見つけて、『仙ちゃんが転がっているぞ』と親父に知らせてくれたそうです。びっくりして駆けつけると、息子が気絶して線路の脇に転がっていたと。親父は私を一生懸命担いで家へ帰ったそうで、かすかにその記憶はあるんですけれどね……」

『ぽっかりぽっかり』『ぐじゃぐじゃ』

九死に一生を得た森は半年ほど養生すると、再び小学校の教壇に立った。だが、敗戦で一変した社会では、教師も子どもたちに何を教えていいのかわからない。国語の教科書は日本軍の記述が墨で塗り消されてしまう。軍事教育の愚かさに憤りがつのった。

二〇代の終わり、結婚して子どもを授かった森は農家の二階を間借りし、畑仕事も手伝いながら家族を養う生活が続く。その矢先に一通の電報が届いた。

〈ヨウアル　スグコイ　ヒラヌマ〉

それは東京教育大学の平沼良教授からの電報だった。平沼は森が最初に着任した横浜の保土ケ谷小学校で父兄会会長をしており、懇意になって仕事を手伝った縁があった。森は電報を読むと、ただちに教育大を訪れた。

「『先生、〈ヨウアル　スグコイ〉の用って何ですか』と聞くと、黙って名刺をひと箱渡された。何かと思って蓋を開けたら、私の名刺なんです。肩書きは、『東京教育大学図書文化協会主事』とありました」

戦後の教育を模索していた森にとって、長いトンネルを抜ける転機となる。当時、日本中の学校で図書が不足し、地方の教員はリュックを背負って、神田の古本屋街で買い集めていた。平沼は、子ども向けの教育書を出す出版社をめぐり、新刊本を紹介する仕事を森に託したのだ。

さらに教育大が先陣を切って立ち上げたのが日本生活教育連盟である。新しい教育を研究する団体で、その実験学校に選ばれたのが和光学園だった。東京・世田谷区にある小さな私立校で、教員経験がある森は小学二年生の担任を任された。

そこで試みたのが「総合学習」。例えば学校の近くの経堂駅についていろいろ調べるうちに、算数、国語、社会、理科の勉強につながっていく。一つの教科を越えて、あらゆる教科の勉強が総合的にできる学習だ。それが評判になって、全国の学校から教員が視察に訪れる。森はユニークな課外授業をさまざま考案した。

「自分が物書きだから、とにかく書かせることを考えました。あの頃はわら半紙も手に入らず、町の印刷屋から裁ち落としの紙をもらってきて教室に置いておく。雨がやんだ後はグラウンドがでこぼこになるから、『今日は水たまりをのぞく勉強をしよう』と言うと、子どもたちは鉛筆と紙を持って行き、水たまりに映るものを書くわけです。すると、『僕の顔をつくづく見た』という子、『水たまりの奥の方に空の雲が沈んでいた』と書く子もいる。あるときは水路を流れる水の音を聞くと、『ぽっかりぽっかり』『ぐじゃぐじゃ』などと自由きままに表現し、『さらさら』なんて書く子は一人もいないんです」

五感にふれたものを言葉で表現する楽しさを知ることで、個性も豊かに育まれていく。

当時のクラスには、後に作曲家となった三枝成彰や俳優の小野武彦らがおり、各界で多彩に活躍する教え子たちが巣立っている。森自身もまた子どもたちとの学びのなかで、新たな道が拓けていく。それが「絵本」の創作だった。

まだですか　まだですよ

一九六〇年代に入ると、絵本への関心が高まり、森は仲間たちと児童文学の勉強会を立ち上げた。出版界では外国の絵本の日本版がつくられるようになり、独創的な本づくりに魅了されたという。

「それまで絵本といえば『一寸法師』『かぐや姫』などの昔話でしたが、六一年に翻訳出版された『いたずらきかんしゃちゅうちゅう』なんて、機関車が空を飛ぶというお話です。一色刷りで背景は真っ白、〝えっ、これが絵本なのか〟とびっくりしました。同じ頃に出た『100まんびきのねこ』も墨一色で描かれ、小さな横長の本だった。日本の絵本は、空は青く、地面は茶色に……と全部塗ってあり、真っ白なところがないものが多かったので、まさに〝絵本のカルチャーショック〟と呼んでいたんです」

外国の絵本に刺激され、各社が新しい絵本づくりに乗り出した。失敗を重ねながらも、実を結び始めたのが六〇年代後半。その頃、誕生したのが「こぐま社」だ。創業者の佐藤英和は、ともに志をわかちあった森との出会いを回想する。

「森久保（森）先生はラジオの子供番組でも名司会者として活躍されていて、ジャーナリスティックな見識を備えた方です。和光学園で子どものために手書きで出していた文集も素晴らしいものでした。私はいつか絵本の出版社を作りたいと思い続け、オリジナルのものを目指そうと考えた。やがて『こぐま社』を立ち上げるとき、ブレインになってもらったのが森久保先生と劇作家の和田先生。三人で日本の創作絵本を志したのです」

佐藤は河出書房で児童雑誌の編集者を経て、独立。縁あって子供向け番組「ロンパールーム」の絵本を森と手がけた後、六六年に「こぐま社」を設立する。その際、児童劇の脚本家でもある和田義臣も誘った。

佐藤は二人に「日本の子どもがはじめて出合う絵本」を作りたいと伝え、二、三歳児向けの本にしようと話し合う。その年代の子どもの生活を知るため、皆で近くの保育園に一日入園し、三歳児と一緒に過ごしたこともあったという。

「まだ文字を読めない子どもたちは、絵だけでお話を読みとります。そこで心動かされるものがあれば、『もう一回読んで！』と持ってくる。子どもたちの心を育むためには、美しい言葉、美しい色を使い、何より身近な生活や日本の自然を題材にした物語を届けたいと考えたのです」

絵本を作る過程も「集団制作」という異色のスタイルで取りくむ。デザイナーで画家の若山憲に絵を依頼し、四人で話し合いながら練りあげるやり方だ。そこで生まれたのが「こぐまちゃんえほん」シリーズである。

四人はまずキャラクターから考えた。子どもにとって最初の友だちはぬいぐるみだろうと考え、主人公は「こぐま」に決まった。森は原案提出者としてお話の案を出し、そこから発想される場面は若山がその場でコンテに描く。さらに床に並べたデッサンを囲んで、皆で構成を検討し、森が言葉をつけていくのだ。

「一作目の『こぐまちゃんおはよう』では、どうしても排泄の場面を入れなければいけないと考え、こぐまちゃんがおまるに座っているシーンができました。すると森久保先生は『まだですか　まだですよ　こぐまちゃんは　まいにち　うんちを　します』という言葉をつけた。排泄の場面をこんなに美しい日本語で表現した絵本はありませんよ」と佐藤は懐かしむ。

累計一〇〇〇万部

美しい色彩にもこだわった。画家が自ら混合して特色をつくり、色ごとに絵を描きわけた版を重ねて印刷するリトグラフの手法を考案。もとより資金も乏しかったため、それで安価におさえられた。一年がかりで作る「こぐまちゃんえほん」は一五冊まで続く。そのテーマには教員の経験が生かされた、と森は顧みる。

「絵を見る子どもの心理を先に考えたのです。子どもが喜ぶモチーフは、第一に食べること。食べ物をおかあさんと一緒につくる楽しみもあります。二番目は動物と車。そして三番目は泥遊びや水遊びなど、いろんな楽しい遊びですね」

なかでも子どもたちに人気なのが『しろくまちゃんのほっとけーき』だ。卵を割って、牛乳を入れて……焼きあがったら、仲良しのこぐまちゃんを呼んで「おいしいね」と食べる――。実際に四人の男性陣がフライパンでホットケーキを何枚もつくり、焼けるプロセスを描いたという場面は傑作だ。子どもたちはそらで覚えてしまい、「しゅっ」「ぺたん」などと言いながら、お母さんと一緒にホットケーキを作るという。

一九七〇年の創刊以来、シリーズの累計は一〇〇〇万部を超えている。ロングセラー絵本として愛され続ける魅力はどこにあるのか。こぐま社の関谷裕子編集長は自身も子育てを経験したことで、こう語る。

「子どもにとって、『こぐまちゃん』ほど、主人公と〝私〟の区別がつかなくなるような本はありません。我が家でも休日にホットケーキを焼いてあげると、突然、娘が窓辺へ行って『こぐまちゃーん　ほっとけーき　つくったわよ』と呼んだことがありました。それくらい子どもたちは共感し、主人公と一体になる気持ちを喚起されるのでしょう」

シンプルでわかりやすい形、明るく印象的な色、親しみやすいストーリー、そして耳に心地よい言葉。森から聞いて印象的だったのは、「こぐまちゃんは何と言うだろう」と考えながら、お話の場面に言葉をつけるのだということ。それゆえ幼い子どもの心にも自然に届くのではと関谷はいう。

「私たちが家庭で子どもにかける言葉というのは、『寝なさい』『早くしなさい』など非常に限られています。でも、絵本は小さい子ども向けではあっても最初に出合う文学です。だからこそ、日常使わない言葉にふれ、美しい日本語に親しむための大切なもの。絵本を読むことで子どもは想像力が広がり、同じ感情を共有することが嬉しいという体験をいっぱいできると思うのです」

われとも識らず

教育者、児童文学作家として脚光を浴びていくなか、実はすべての仕事を断った時期がある。和光学園で教員を務めながら、絵本の制作に明け暮れていた森が、教壇を去ったのは五〇代半ば。闘病する妻の看護に専心するためだった。

乳がんを病んだ妻が入退院を繰り返して三年余、ついに余命を告げられたときに辞職を決めた。都内の大学病院に入院した妻のために個室を借り、自分も泊まり込みで付き添うことにしたのだ。

「退職金が六〇万円あったので、一日一万円かかる部屋代を二カ月払えるなと思いました。もっとも払っているうちに家内は亡くなったんですけれどね……」と森は寂し気に漏らす。それ以上、往時の思いを口にはしないが、ふと目を細めて語ったのは音大の付属校に通っていた次女の思い出だった。

「中学卒業のとき、娘が一人だけ選ばれて卒業記念演奏をしたんです。あの頃はまだ家内もそんなに病気がひどくなくて、私と一緒に卒業式に参列しました。全校生徒や父兄がつどう講堂で、娘は堂々とピアノを弾いていてね。家内もあんなに嬉しそうな顔をしたことはなかった」

最後に妻が入院したのは、次女が高校生のとき。長女は音大卒でピアノ教師の就職が決まっていたが、次女は大学進学を控えた大事な時期だった。妻は「母親の看病なんかしていてピアノ科へ入れなかったら、私のせいよ」と涙ぐんでいたが、娘たちは学校帰りに病院に立ち寄っては、毎夜遅くまで母親に付き添っていた。次女のみ冬は当時の胸中を振り返る。

「大変とは思いもせず、家族としては当たり前のことと受けとめていました。父も辛さや悲しみを洩らすことはなく淡々としておりましたので、あの歌集を読んだときにあらためて〝本当はそうだったのね〟と父の気持ちがわかりました」

あの歌集とは、森が妻の三回忌に際し、娘二人に背をおされながら編んだ『清子抄』である。森は一〇代の終わりから短歌に親しみ、北原白秋門下の会誌『創生』で歌を詠み続けていた。自身の第二歌集となる『清子抄』には、四五歳の若さで逝った妻を偲ぶ百余首をおさめている。

〈病室に　はじめての夜を　耐えていむ　脱ぎてゆきし　つまの羽織をたたむ〉

病床に臥せる妻のためにできることといえば、ただ寄り添うばかり。

〈病棟に　更けて寂静の　時ながれ　握る手をつまは　われとも識らず〉

やがて最期の時を迎えた妻の枕辺で、森が捧げたのはこんな言葉であった。

〈もうこれで　苦しまなくてすむんだよ　よかったねママ　よかったねママ〉

妻亡き後は母を失くした二人の娘への想いを詠み、妻の写真を携えて娘たちと同行四人の旅も重ねた。歌集に添えたあとがきにはさらにこう綴っている。

〈……清子の死期が遠くないだろうことを突然のように告げられて一年、はじめていのちがけの愛を知った。

旅先の風景のように、為事にも人間にもほれっぽくて熟さない性分かと自身かんがえてはいたけれど、やっとこころらしいこころにゆきあったときにはどうしようもなかったのだ。生涯のどじを踏んでしまったというのだろうか。……〉

妻が逝き、職も失くして途方に暮れていたとき、手を差しのべてくれる人との出会いに恵まれた。師範学校の恩師から連絡があり、大学で教鞭をとる道が拓けていく。そして変わらぬ絵本への想いがさらなるベストセラーを生み出すことに。

『はらぺこあおむし』の誕生も、思いがけないめぐり合わせであった。

やがて蝶になる

原題は『The Very Hungry Caterpillar』。一九六九年にアメリカで刊行された初版本は、実は日本で制作されたという。異なるサイズのページが入っていたり、真ん中に穴が空いていたりと、複雑な製本は当時のアメリカの印刷会社では難しく、日本の偕成社が尽力した経緯があった。

その縁で偕成社から日本版が出ることになり、訳者として白羽の矢が立ったのが森だった。日本版を担当する若い編集者が、森の創作絵本『ちいさないろいかさ』にほれ込んで頼んできたのだ。

「私は断ったんです。戦時中は英語が敵性語といわれて勉強することを禁止されていた。英語の本を翻訳するなんてとてもできないと。すると原作者のエリック・カールが、『日本版にふさわしい言葉にしてください』と言ってきたのです。彼はドイツ系のアメリカ人で、原版はドイツ語版と英語版の二冊出ていました。それを比べると、英語版では二、三行のところがドイツ語版は五〜七行に増えている。何でこんなに違うかといえば、ドイツの国民は何でもとことん承知するまでやるけれど、アメリカ人は怠け者で飽きっぽいから短くないとだめだという。だから、日本語にふさわしい適当な長さでやってほしいと原作者から許可が出ちゃったわけです」

森は次女の、み冬に直訳してもらうと、良い言葉を拾い出し、短く歯切れのいい日本語の訳を添えていく。タイトルは『はらぺこあおむし』とつけた。それが世代を越えて、子どもたちに長く愛される絵本になったのである。

おなかがぺこぺこのあおむしはたくさん食べて、どうなるの？——とうとう、おなかが痛くて泣いたあおむしは、緑の葉っぱにたどりつく。おいしい葉っぱを食べて大きく育ち、さなぎになって、最後は美しい蝶に変身するのだ。

「小さなあおむしは食べちゃいけないものをたくさん食べて、しくじってしまう。失敗を繰り返して最後にたどりついたのは、自分のお母さんが卵を産んでくれた葉っぱなんですね。その葉っぱを食べて、お母さんと同じきれいな蝶になった。カールさんはそこまで文章では書かないけれど、子どもたちは何遍も絵を見ているうちに気づくだろうと期待しているのです」

エリック・カールは戦時下のドイツで少年時代を過ごしており、森も過酷な戦争体験を胸に秘めてきた。それゆえ平和を祈り、生きる希望を子どもたちに伝えたいという願いが、二人のなかで響き合ったのだろう。次女の、み冬はこう語る。

「父もわたしたちに言葉で教えたことはほとんどないんです。むしろ父の生き様を見せることで、大切なものを教えられてきたような気がします」

伴侶に先立たれた森が、苦労をかけた妻に悔恨の念を抱いていたこともわかる。自身も幾度か失敗を重ね、晩年にはいくつかの病を得て、不慮の事故に遭いながらも果敢に乗り越えてきた。そのなかで生み出してきたロングセラー絵本の数々。それも人と支え合ってのこと、と謙虚に顧みる森の姿は、「はらぺこあおむし」と重なるように思えてならない。

自身の人生をたどる森の話は三時間を超え、その緻密な記憶には驚くばかりだった。一〇〇歳にして矍鑠と一人暮らしを続け、夕食は娘の世話になっても、朝食は自分で調える。好き嫌いなく食欲も旺盛で、晩酌にビールが飲めればごきげんらしい。

長年務めた『創生』の編集長は二〇一七年に若手に託したが、今も選者として三〇人ほど弟子を抱える。三十数年続ける童話創作教室では生徒有志が「森の会」をつくり、三〇〇人ほど集う。独り立ちできるようにと指導にも熱が入り、そうした思いが日々の活力になっているという。教育者の気概もなお健在だ。

「だから、一〇一歳でもわりと忙しいんですよ」

そう朗らかに笑う森。未来ある人たちに「言葉」をつなぐ熱意もまだまだ尽きることはない。

7　菓心あづき庵　田谷きみ　一〇三歳

一躍、時の人

黄金色の栗が映える鹿の子に蒸し羊羹、ふっくら香ばしいどら焼き、粒餡たっぷりのきんつばや緑あざやかな草餅……。店のショーケースに並んだ和菓子にあれこれ目移りしていると、にこやかな笑顔に迎えられた。

「やっぱり和菓子は季節のものを味わってほしいのね。今は新栗の季節だから、鹿の子や栗最中とか。ほら、栗蒸し羊羹も美味しいですよ」

その愛らしい笑顔に魅かれ、長年通い続ける近所の常連も多いという老舗の和菓子店。「菓心あづき庵」の店先に立っているのは、一〇二歳の〝看板娘〟だ。

千葉と茨城の県境にある東庄町《とうのしょうまち》。東京駅から電車を乗り継いで二時間あまり、銚子市に隣接する町にその人がいると聞いて訪ねたのは二〇一七年、晩秋も深まる頃だった。

7　菓心あづき庵　田谷きみ　103歳

利根川水系の南に位置し、実りを待ついちご農園が点在するのどかな地。あたりの田畑は枯れ野となり、冷え込みがつのるなか、瓦屋根の風情ある店の暖簾をくぐると、ほんのり甘い香りに包まれる。

「いらっしゃいませ」

ほっそり小柄ながら、背筋をしゃんと伸ばし、こまやかな気くばりを欠かさない。親子三代続く和菓子店の看板を守る田谷《たや》きみは、地元で「『あづき庵』のおばあちゃん」と親しまれてきた。

それが一躍、時の人となったのは二〇一五年。前年末、東庄町の広報誌で、一〇〇歳を迎えるきみを「現役の看板娘」と取りあげた記事が火付け役になる。店でいきいき働く姿が町のホームページに掲載され、それを見たテレビ朝日のディレクターが訪ねてきたのが始まりだった。

きみの孫で三代目の菓子職人を務める等《ひとし》は、顚末を苦笑まじりに振り返る。

「私は奥の仕事場にいて忙しかったので、おばあさんがひとりで対応したんですよ。店が暇になったときに『テレビ局の人が来たから』と名刺を渡され、携帯の番号にかけてほしいと言われたと。電話したところ、『スーパーJチャンネル』という情報番組の中で一〇〇歳でも元気な人を紹介するという話を聞き、それなら店の宣伝にもなるからと本人も受けることにしたんです。でも、いざ出てみたら、大変なことになって……」

全国ネットで放映されるや、たちまち来店する客が増え、福島など近県から「きみさん」目当てに来る人たちもいた。新聞、雑誌の取材が引きも切らず、テレビの旅番組でも取り上げられた。

なにより驚いたのは、カナダで放映されるという「ミツビシ・モーターズ」のCMに出演を依頼されたことだ。創業一〇〇年にあたり、一〇〇歳の日本人を追うドキュメンタリー・フィルムを撮りたいと頼まれ、二〇一七年六月にはカナダから監督とプロデューサーらが来日。総勢三〇人近いクルーが東庄町の「あづき庵」を訪れて、大がかりな撮影が行われた。

今も店先に飾られた色紙には監督からのメッセージがこう記されている。

〈Thank You for inspiring all of us.

（きみさんへ、みんなにきらめきをありがとう、ヘンリーより）〉と。

かくして希望の星のごとく一〇〇歳でブレイクした「きみさん」だが、当人はどこ吹く風と飄々と受けとめている。

「まあ、皆さんがテレビを見たと言って来てくださるのはありがたいこと。私も嬉しくて、『お忙しいところ、よく見てくれましたね』ってお話しするんですよ」

砂糖も小麦粉も手に入らない

商売人の意気はもとより受け継いだものらしい。大正四（一九一五）年生まれのきみは、茨城県神栖市で三人きょうだいの末っ子として育つ。実家は村の暮らしを支える雑貨屋を営んでいた。塩や醤油を量り売りし、タバコや食品、日用品まで扱う〝よろず屋〟で、子どものときから兄や姉と店を手伝っていた。

「女親が和裁の先生で、お弟子さんもいっぱい来ていたんです。姉も和裁をやっていたので、私も一緒に習いながら覚えたもの。うちは野菜や米もつくっていたので、百姓仕事も手伝いましたよ」

母方の祖父が寺子屋の校長をしていたので、幼い頃から漢字やそろばんも仕込まれた。そんな働き者の末娘に縁談が持ち込まれたのは、二〇歳のときだ。

その相手は同郷で遠縁にあたる三歳年上の男性、田谷國蔵だった。國蔵は和菓子店で修業していたが、のれん分けしてもらい独立することになった。商家へ嫁ぐことを願っていたきみにとっても良縁である。二三歳の國蔵と二〇歳のきみは伴侶となる契りを交わし、昭和九（一九三四）年、千葉の東庄町で所帯をもった。

二人が小さな和菓子店を開いたのは、利根川の支流になる黒部川の渡船場のほとり。國蔵が修業した店の名を継いで「福嶋屋支店」と名づけた。当時は利根川を往来し、対岸の茨城と千葉をつなぐ渡し船が大事な交通手段で、県外への通学や仕事で利用する人たちも多かった。

「船に乗る人や船頭さんも店に来ては、船を待っていたの。冬になると、お店の真ん中で練炭をおこし、大きな火鉢を置いて、お客さんが自由にお茶を飲めるようにしておいたら、皆が集まってきてね。船頭さんも弁当を持ってきて食べたり、お茶を飲みながら、お饅頭を食べたりして、次の船が出るまで時間をつぶすんです。夜になると近所の人たちも来て炬燵を囲んだり、それはにぎやかでしたよ」

行き帰りに饅頭や大福などを土産に買いもとめる人たち。育ち盛りの学生たちも常連となり、國蔵は小遣いで買える駄菓子やパンもつくるようになった。その傍ら、きみも早朝から小豆を炊いたり、もち米を蒸す仕事を手伝い、昼間は店で接客に追われる毎日。やがて長男が生まれ、続いて二人の娘を授かる。若夫婦にとっては、慌ただしくも穏やかな日々が流れていた。

しかし、しのびよる戦争が一家の生活に影を落としていく。痛手となったのは、砂糖や小麦粉など和菓子をつくる材料が手に入らなくなったこと。家族を養うためには何でも仕入れて売ったが、それも底をついてしまう。ついに夫のもとへ召集令状が届いた。

「男らが兵隊に出ていけば、女たちが団結して後を守るしかなかった。私たちは国防婦人会のタスキをかけて、戦地に赴く兵隊さんを励ましました。それでも心の中では〝生きて帰ってほしい〟と祈るばかりでしたけど」

その祈りが届いたかのように、國蔵は戦地へ赴くことなく帰ってくる。だが、それは試練の予兆であった。國蔵はすでに肺結核を患い、身体検査で合格せずに帰郷したのである。肺結核といえば不治の病という時代。しばらく仕事に戻ったものの、夫の体は衰弱していくばかりで入院することになった。懸命に看病する妻の祈りはやはり叶わず、戦後ほどなく國蔵は三五歳の若さで逝った。

長男は一一歳、長女は六歳で次女はまだ物心もつかぬ頃である。三人の子どもを抱え、女手一つで家族を養うためにはひとかたならぬ苦労があったことだろう。

「子どもらにはひもじい思いをさせたくないでしょう。私には子どもを育てていく責任があるからと、それだけを胸に一生懸命やっていましたよ」

今だったら助けられたのに

夫と築いた店を守るのも自分の務め。一人で和菓子をつくることはできないから、思いつく限り何でもやってみた。戦後の食糧難のなかで、手ぬぐいやボールペン、乾電池など、日用品も扱うようになる。店の隣に旅館があったので、和裁の腕を活かして、泊まり客の浴衣を縫う内職まで請け負った。

寝る間も惜しんで働くきみに手をさしのべたのは、茨城で農業をいとなむ義父だった。家でとれた米や野菜を船に乗せて届けてくれ、山で刈った松の木をたきぎにして運んでくれたこともある。昔なじみの船客らにも助けられ、どうにか一家が立ち直りかけた矢先、さらなる悲劇に見舞われた。幼い次女が不慮の事故に遭ってしまったのだ。

「うちは利根川の近くなので、台風になると川の水があふれて浸水するんです。それで建物を持ち上げようと思って、土台にする石を買っておいたの。すると、その周りで遊んでいた娘が石をひっくり返し、足を怪我してしまってね。そこから菌が入って破傷風になったんです」

近くの医者に運んで怪我の手当てをしてもらったものの、その夜、容体が急変した。きみは知り合いのバイクに乗せてもらい、次女を胸に抱いて、必死の思いで銚子の病院へ駆けつける。だが、もはや手遅れの状態だった。それから一週間あまりでこの世を去ってしまう。わずか五歳の娘を失ったことを、今なおきみは悔いていた。

「あの頃は破傷風を予防する薬もなかったでしょう。今だったら助けられたのにと思うと、かわいそうでならなくて」

頼りの夫に先立たれ、愛娘も亡くした悲しみに打ちのめされても、立ち竦むわけにはいかなかった。気丈に店を切り盛りしていた母との生活を、長女の節子は子供心にこう感じていたという。

「男親がいなくても私たちはあまり寂しいと感じることはなかった。お店もいつもにぎやかだったから、うちはお金がなくて苦しいとか、不幸だなんて、まったく思わなかったんですよ」

洋裁をやっていた従妹が可愛い服をあつらえてくれ、中学に入ると、母も着物地を使ってセーラー服のリボンを仕立ててくれた。学校では友だちに「お嬢さん」育ちに見られていたと懐かしむ。地元で高校へ進学する生徒は少なかったが、それも母のたっての願いだった。

「本当は母も女学校へ行きたかったんですね。尋常小学校では成績が良くて、ずっと級長もつとめていたそうです。先生には上の学校へ行くよう勧められたけれど、兄と姉も行けなかったから諦めたのだと。だから、母は『借金しても、あんたを高校まで出すから』と頑張って、私を高校へ行かせてくれました」

実際、子どもたちを進学させることは厳しかったようだ。きみは振り返る。

「うちは貧乏だったから、まとまったお金がなかったんです。娘には定期を買ってあげることもできなくて、毎朝、前の日の売り上げから一日分の汽車賃を持たせてやっていたの。すると、あるとき不思議そうに『なんで私だけ毎日、切符なの？』と聞かれたんです。まさか本当のことは言えませんから、笑ってごまかしましたけど」

家庭では明るくふるまっていても、年頃になった子どもたちは母の大変さを思い知る。高校へ進んだ節子は兄と一緒に店を手伝い始め、注文を受けた荷物をバイクに積んで配達していたという。

一方、長男の廣明も店を手伝いながら、自分の進路を考えるようになった。そこで選んだのは、製菓専門学校へ進むこと。亡き父の跡を継いで、菓子職人になろうと決めたのだった。

品物を持ち逃げされた

『図説　和菓子の歴史』（ちくま学芸文庫）によれば、古来、日本で最も古い菓子の原形には、果物や木の実、米や粟など穀物で作る餅や団子があった。その後、外国から唐菓子が入り、中世の鎌倉・室町時代には中国から点心がもたらされ、羊羹、饅頭のもとになる。戦国時代にはヨーロッパの南蛮菓子が伝来し、小麦粉や砂糖を使ったカステラ、金平糖、ボーロなどが作られるようになった。

一七世紀後半の京都では元禄文化を背景に「上菓子」が生まれ、高級な菓子として、江戸へ、全国の城下町へと広がっていく。一方、江戸の町では、大福餅などの餅菓子や団子といった安価で手軽な庶民の菓子が多く登場し、和菓子の世界が真に大成したといわれる。

また和菓子は伝統的な行事とも深く結びついている。正月の花びら餅、雛祭りには菱餅や草餅に雛あられ、端午の節句には柏餅や粽が彩りを添える。他にも彼岸の牡丹餅、一五夜の月見団子、七五三の千歳飴などがあり、昔から受け継がれてきた季節の行事には欠かせない。和菓子には季節感も巧みに表現され、茶の湯では四季折々にふさわしい菓子を用いることが楽しみの一つとされてきた。

こうした日本の菓子の歴史において、大きな転換点となったのが明治維新だった。明治以降、チョコレートやクッキー、ケーキなど欧米の菓子が日本へもたらされ、洋菓子と区別するために「和菓子」という言葉が生まれたという。洋菓子の影響を受けて、和菓子の世界はまた大きく変わっていった。

時代とともに日本人の嗜好も変わりゆくなか、伝統の味を守り続けた國蔵ときみの夫婦。戦後、國蔵の死によって和菓子販売は途絶えたものの、その店は次なる世代の手で生まれ変わっていく。

昭和三〇年代初め、菓子職人となった長男の廣明は「田谷製菓」と名を変え、和菓子のほかケーキなどの洋菓子もつくり始めた。両親が築いた店を継ごうと決めたのは、父亡き後、一人で店を切り盛りしていた母への思いがあったという。

「最初は和菓子も職人に頼んだりして、少しつくっていたけれど、うまくいかなかったんです。品物を持ち逃げされたり、いろいろ面倒なことがあったもので製造を中止して、あとは果物でも何でも仕入れて売っていた。おふくろは口に出しては言わなかったけれど大変そうでした」

親子三人どうにか食べることはできても、店の先行きはわからない。カメラが好きで写真屋になろうかと迷ったこともあったが、やはり商売をするなら菓子職人を目指そうと覚悟を決めた。

「うちの店にはずっと昔なじみのお客さんが来てくれて、男親がつくった菓子を食べていたという話もよく聞いていました。それでいつしか自分も菓子をつくりたいと思うようになったんです」

東京の製菓専門学校で学び、卒業後はかつて父親が勤めた店で五年間修業する。実家へ戻ると「田谷製菓」の看板をあげ、和菓子と洋菓子を販売したのである。若い人たちにはケーキが好まれ、クリスマスにはデコレーションケーキもつくった。

それでも店の主力商品は和菓子。最も売れたのは冠婚葬祭の引き出物に使われる打ち菓子だ。米をふかして粉末にしたみじん粉に砂糖を混ぜ、水で練ったものを木型に詰めて固めた干菓子で、栄養価も高いことから産後の祝いにも重宝される。鯛や松竹梅などを彫った木型は父親が使いこんだものを譲り受けた。

「お客さまが増えるまでは時間もかかりましたが、先代のお得意さんから注文が結構あったんです。私は製造中心だったけれど、おふくろも饅頭に餡を包む作業を手伝ってくれ、店のことも慣れた調子で全部やってくれました」

当時、廣明が店で撮った写真が残っていた。店先には饅頭からショートケーキ、駄菓子まで並び、夕方になると、近所の子どもたちが小遣いをもらって集まってくる。ショーケースの後ろには割烹着姿で朗らかに笑う母の姿があった。

本当の小豆の味

その店がさらに「あづき庵」と名を変えたのは、孫の代になったときだ。孫の等も東京の日本菓子専門学校で学び、父の勧めで和菓子店で修業を積む。昭和六三（一九八八）年に帰郷すると、祖母と両親が営む店を現在の場所へ移すことにした。かつては渡船場近くで繁盛していたが、昭和四〇年代半ばに黒部川に橋ができて渡し船が廃止され、人足も減っていたからだ。国道沿いに新たな和菓子専門店を開店。等は店名にこんな思いを込めた。

「『あづき庵』という名にしたのは、本当の小豆の味にこだわりたかったから。お饅頭やどら焼きなど何でも小豆餡が入るけれど、今は製あん屋から仕入れる菓子屋さんがほとんどです。でも、うちでは北海道産の良質な豆を選び、自分で炊いて餡をつくっています。小豆にも等級があり、季節によって炊き方も違ってくる。お客さまには最も美味しい小豆餡を味わってもらおうと思ったのです」

地元で採れる食材にもこだわっている。東庄町はいちごの産地なので、収穫される冬場から春にかけてつくるいちご大福が人気商品だ。大福餅に使うもち米も地元産を使っている。さらにオリジナルの新製品を出すときは、最初にまず祖母のきみに味見してもらうのだという。

「いつも店で接客しているから、おばあさんの意見がすごく参考になるんです。たとえばショーケースの中でも『ちょっと明るい感じのものが一品くらいあれば、全体的に明るくなるね』とか、お客さんの目線で話してくれる。あとは『○○が美味しかったよと言われた』と聞けば、僕らももう一度つくってみようと思ったり。お客さまといろいろ話すなかで気づいたことを伝えてくれるんですよ」

「あづき庵」では和菓子の製造を長男夫婦と孫夫婦が手がけ、祖母のきみが店頭で販売に専念する。まさに家族ひとつになって商売してきたが、きみは変わらず一家の柱なのだと、等は言う。

「何といってもうちの看板ですから、店にいてもらわなきゃ困ります」

漢方薬よりスイカ

夫が遺した店は息子から孫へと受け継がれても、「看板」を守り続けてきたきみにとって、やはり店を訪れる客と話すことが何より楽しみという。

「いろんな新しいニュースを聞かせてくれるから楽しいですよ。ずっと買いに来てくれた人が来なくなると、寂しいなと思うしね。私も夏の暑さでちょっと具合が悪くなり、お医者さんへ行ったら、もう歳だから治らないと言われて漢方薬だけもらったことがあったんです。お客さんにその話をしたら、『きみさん、漢方薬なんか飲まないでスイカでも食べてろ』って。スイカは水分があって良いと聞いて、うちの畑でとれる小玉スイカをひと夏ずっと食べていたの」

若い頃から大病することなく、休みなく働いてきた。六八歳で入院したのは、高台で布団を干していて足を踏み外し、屋根から落ちて足の付け根を複雑骨折したときのこと。その足が治ると、またすぐ店に立ち始めた。

趣味といえば旅すること。店を息子と孫に任せてからは、娘夫婦と一緒に海外旅行に出かけるようになり、中国、イギリス、フランス、ハワイ、オーストラリアなど一二カ国を訪れた。ことに心に残るのは七〇代の終わり、横浜港から神戸港へと豪華客船でめぐった船の旅。「ホテルが海の上に浮かんでいるようですごく気分が良かったの」ときみは目を細める。

家族の目にも健康そのものに映っていたきみだが、一度だけ弱音を洩らしたことがあった。八〇代に入った頃、夜眠れなくなって医者へ行ったが「老化現象だから治らない」と言われ、匙を投げられたと落ち込んでしまう。店先に立つことをやめ、家でも居眠りしている姿を見かねて、長男の廣明が声をかけたという。

「昼間も居眠りしていると夜はよけい眠れなくなるから、『一時間でも二時間でも店へ出てみないか』と勧めたのです。おふくろも最初は半日くらいのつもりが少しずつ時間も伸びて、そのうち一日出られるようになった。すっかり元気になって、夜も眠れるようになったんです」

それからは足腰を鍛えるため、仕事の合間に青竹踏みをしたり、テレビで覚えた腰伸ばし運動を欠かさない。夜ぐっすり眠れるように午後はお茶を飲まず、代わりにスキムミルクを飲んでいる。乳製品をとることも「カルシウム貯金」と心がけていた。三度の食事をつくる孫の嫁も栄養を気づかってくれるので、好き嫌いせずに家族と同じものを食べる。そして、何より店に立つことが健康の秘訣ではと聞けば、きみは可笑しそうに首を振る。

「だって、みんな仕事場に入っちゃうでしょう。若いじいちゃんとばあちゃん（息子夫婦）も奥で餡を炊いてるから、手が足りないのね。他のおばあさんらは日向ぼっこしたり、集まってお茶飲んでるけど、『私は死ぬまで、こき使われちゃうんだろ』って、孫に口説いてるの」

　とはいえ店に立つのは苦にならないようだ。毎朝五時半に起きると、お茶を飲み、好きなものをつまみながらテレビを見て過ごし、朝食をすませて七時過ぎに店へ出る。ショーケースを掃除し、品物を陳列すると八時に開店。終日、店にいて接客し、夕方六時に店を閉めると掃除をすませ、ようやく一日の仕事が終わる。

　息子夫婦と同居しているが、夕食時はリビングがある二階へ上がるのが大変なので、仏間がある一階の部屋で食べる。時おり晩酌するのも楽しみのうち。「好きな大吟醸やワインを、調味料くらい」と、ほろ酔い加減を味わっているという。

「まあ大勢でいれば楽しいところもあるし、一人でいればまた良いところもあるしね」

と、きみは今の生活を思う。週一回の定休日には嫁いだ娘や孫、ひ孫たちも集まって、いっそうにぎやかになる。それでも百寿を迎えたときは、若い世代にすっかり任せて引退しようかとも考えたらしい。

「でも、お店に出ていないと、私がもうあの世へ行っちゃったのかなと思って、『おばあちゃん、どうしたの？』と皆さんが聞いてくれるんですって。だから、なるべく店にいるようにしているの」

茶目っ気も秘めたきみを慕い、数十年通っているという五〇代の女性客に聞くと、月一度は菓子を買いに来るという。

「おばあちゃんに会うと元気が出ます。失礼ながら、可愛いおばあちゃまという感じ。お声もそうだし、いつもニコニコしていて、優しくて。二年ほど前、おばあちゃんに『おいくつですか？』と聞いたんです。そしたら年齢は答えず、『バレンタインデーの生まれです』って言うんですよ。洒落てるじゃないですか。でも、後で一〇〇歳と聞いて、そんなお年とは知らなかったのでびっくりしました。もともとこの店のお菓子のファンで、『天保しぐれ』が美味しいんですよ。ここに来るといつも買って、知り合いに贈ったりします。お饅頭も美味しいし、おばあちゃんに会うと元気をもらえます。それで来ている人は多いと思いますよ」

毎日食べても飽きない

一〇〇歳にして「あづき庵のきみさん」は地元のみならず、全国でも知られることになったが、本人は淡々と変わらない。

愛用する毛糸の帽子をちょこんとかぶり、白衣姿の楚々としたたたずまい。ほんのり紅をさすことも忘れない。店のガラス戸が開くと、「いらっしゃいませ」とはずむ声で迎え、注文を聞いて手際よく菓子を包んでいく。会計はレジで打つが、念のためにとそろばんで確かめる。使い込んで飴色になった五玉のそろばんを大事に使っていた。

「なんだかあっという間。自分では長生きしようと思って努力したわけでもないけど、ぼうっとしているうちに歳をとっちゃったのね……」

二〇一八年二月、一〇三歳の誕生日を迎えたきみは、自身の人生をそう顧みる。ぽつぽつ語る言葉に耳を傾けていると、ふと目を閉じて、黙り込んでしまうことがある。そんなときは一〇〇年という歳月のいずこに思いをはせているのか。そして、亡き夫、國蔵を想うこともあるのだろうかと問うと、「毎朝、線香をあげますからね。その度に浮かびますよ」と。そこで見せてくれたのは、結婚式の日に旅館で撮ったという二人の写真。端整な面立ちの新郎と初々しい新婦が寄り添っている。

「おとなしくて優しい人でした」と、はにかみながら教えてくれた。

バレンタインデー生まれと聞いて、水を向けると、「チョコレートも好きですよ」と微笑む。それでも毎日食べても飽きないのは和菓子。息子や孫の代になり、新しい創作菓子も味わってきたが、いちばん好きなのは茶饅頭という。黒糖を練り込んだ生地に小豆の漉し餡を包んだ小ぶりの饅頭だ。

昔ながらの素朴な茶饅頭に魅かれるのは、若き日、夫とともに丹精込めてつくった和菓子の味がよみがえるから。「八〇年も昔からやってきたでしょう」と懐かしむきみ。

時を経ても愛される日本の味を守ることこそが、「看板娘」の誇りなのだろう。

8　剣道家　太田博方　一〇三歳

人に上下なし

ひときわ目を引く小兵剣士が、竹刀を構えていた。無駄な力の一切抜けた自然な構え。彼に相対した大柄な壮年の剣士は、気合を入れて次々と技を繰り出していく。その力強い技を、小柄な男は最低限の動きで受け流す。あっという間に相手の息は上がり、稽古は終わりを告げた。

二〇一六年六月、大阪府高槻市で開かれた稽古会。男を慕う老若男女の剣道人が集い、一同輪になって座礼が行われた。

「まだ私は死にません。来年も五月大会に出ようと……」

ぐっと噛みしめる言葉が道場に響く。剣道界最高位である「範士」七段の太田博方《ひろかた》は、一〇〇歳を越えてなお後進の育成に尽くす。太田は皆に語りかけた。

「私がこうして円を描いて座るのは、人に上下なしということ、そして長幼の序を大切にしたいと思うからです。お互いに仲良く、いばらない。剣道の段に頭を下げない、それが私の主義です」

太田は段位で上下を区別することを嫌い、剣道では人間としての器を育むよう努めてきた。そのため稽古の場で変わらず伝えてきたことがある。

「とにかく剣道は体で覚えてください。頭で剣道をしては絶対にいけない。ただ、一生懸命に基本の稽古に励むことです」

この日も自ら道場に立つと、冒頭のかかり稽古を受けて立った。連続して相手の技を受ける厳しい稽古だが、若き教え子たちを相手に泰然とかまえる。凜とした雄姿の陰には、人知れず積み重ねてきた日々の鍛錬があった。

京都府向日市に暮らす太田は、毎朝、一キロの鉄アレイを両腕に持って上下に動かす運動を六〇〇回。続いて、面打ちの素振り動作を二〇〇回。踏み台昇降、ゴムチューブを使った伸縮運動などで足腰の筋力を鍛え、さらに居合刀を使った素振りを二〇〇回。一〇三歳となった今もこうしたトレーニングを欠かさない。

毎年五月には、地元の京都で開催される剣道の祭典「全日本剣道演武大会」に出場。

8　剣道家　太田博方　103歳

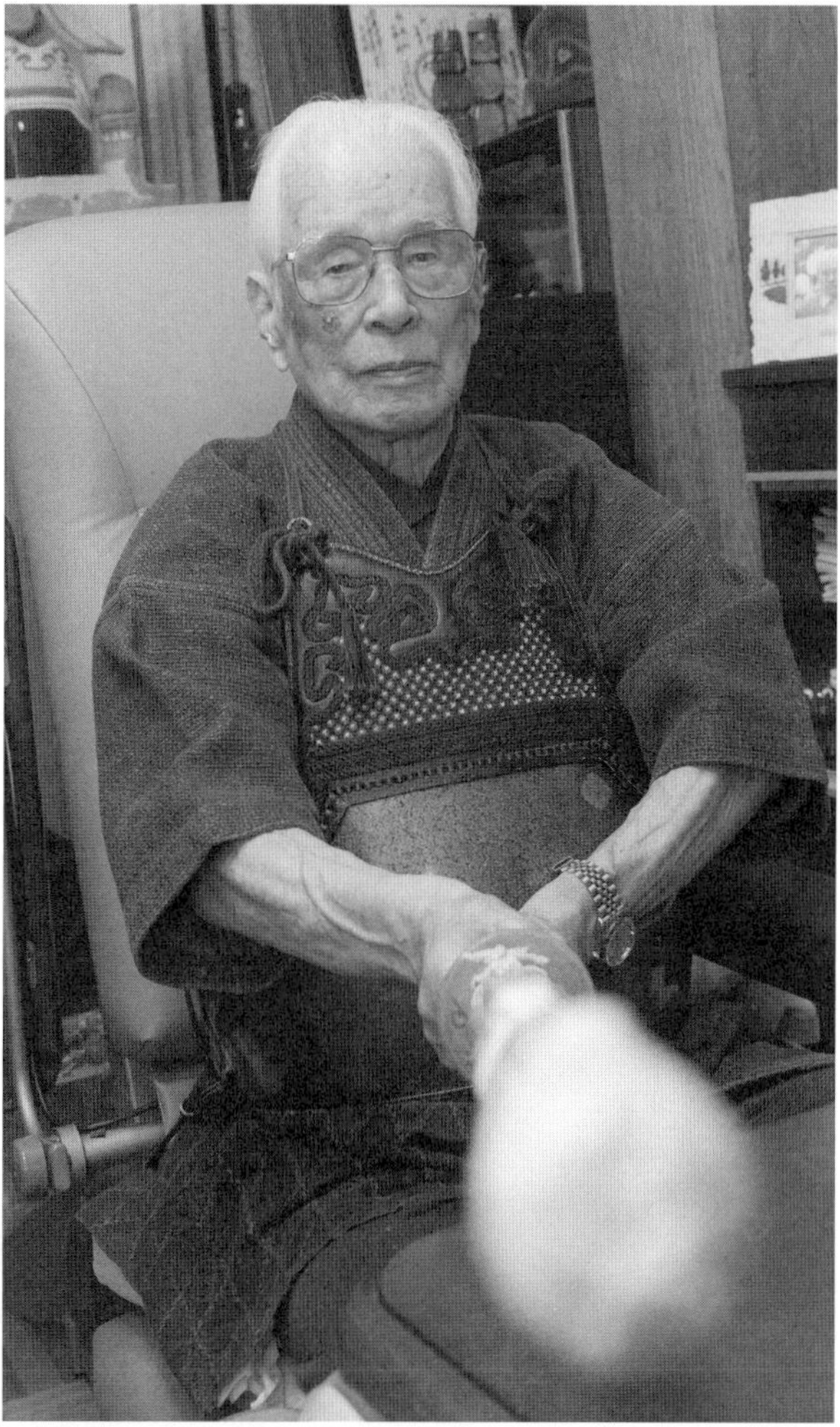

最年長の現役剣士として果敢な立ち合いを披露し、会場を沸かせている。

「私も、命がけなんですわ」

物腰は優しく柔らかでも、内に秘めた闘志は衰えない。その気迫の陰には、いかなる剣道への思いがあるのだろうか。


「お前は剣道には向いとらん」

島根の松江で生まれ育った太田が剣道を志したのは大正九（一九二〇）年、六歳の頃だった。「剣道を習いたい」と言い出したとき、母親が見せた嬉しそうな笑顔は、今も忘れられないと懐かしむ。

その場に居合わせた母方の伯父は「おじいさんの後を継げ」と言うや、自分が使っていた竹刀を鋸で短く切って持たせてくれた。稽古着と袴は母の手製。母は幼い頃から、剣道家の父親の稽古を道場の窓からよく覗いていたという。「お前も私のお腹にいるときから、竹刀の音を聞いとったよ」と聞かされたものだ。

母方の祖父・関亀太郎は、郷里の松江で剣道家として名を馳せた人である。士族の長男として育ち、一刀流剣術を修行。島根県警の巡査となって、明治の剣客として知られた高山峰三郎に師事する。師範になると、台湾総督府などからの招聘も断って、生涯を弟子の育成に捧げた。

太田が四歳のときに祖父は亡くなるが、記憶に残るのは、「おじいさんはねえ、みんなから神様のように尊敬されとったよ。拳骨で瓦を八枚も割るほどの豪傑だったし、釣りも名人でねえ、宍道湖に出たら船の上から、魚のいる場がわかると言うてたもんだ」と語る祖母の話だ。

祖父の影響もあって剣道を志すが、父親には「お前みたいなチビは駄目だ」と反対されたという。八人兄弟の三男で小柄な息子には「お前は剣道には向いとらん。絵をやるがよかろう」と話していた。

父親は写真館を経営し、絵画や音楽への造詣も深かった。礼儀作法など躾には厳しいが、子どもたちが頼むことは何でも叶えてくれる。幼い頃から絵を描くのが好きだった太田は、絵の具やキャンバスも不自由なく買い与えられたという。

「おやじは目先がものすごく利くんです。東京へもしょっちゅう行ってたんですわ。そのうちに始めたのが、『松南軒』というハイカラな三階建ての店舗。三階が洋食屋、二階が蕎麦屋、一階で洋服店を開き、背広の生地は東京から仕入れ、職人も神戸から呼び寄せるほど凝っていました。もっとも松江の古い土地柄には合わず、お客さんもさっぱりでしたけど」

それでも写真館は繁盛しており、家族の暮らしは裕福だった。豪奢な自宅に住み、子ども一人一人に女中が付いていた。両親はキリスト教への信仰も篤く、兄弟そろって教会の日曜学校に通っていた。

「おやじは家に物乞いが来ると、おふくろに『その人の住所を控えておきなさい』と言う。そこへ綿入れの着物や何やら送っていたことを憶えています。そして、人から頼まれては、判を捺していたこと。あの頃はわからなかったけれど、後でおふくろに聞いたのは、おやじはよく借金の肩代わりをしていたのだと。頼まれると何でも断れない人だったんですね」

その父が肝臓がんで亡くなったのは、太田が小学校高学年の頃。生前、父は負債の保証人を引き受けていたため、自宅に借金取りが押しかけた。長男は写真館を継ぎ、次男は音楽の道へ、自分もひそかに美術の先生になる夢を見ていたが、家業はたちまち傾いていく。太田は中学進学を断念、手に職をつけなければと高等簿記学校で二年間学ぶ。

しかし、そろばんや簿記はどうにも性に合わなかった。

半殺しのような稽古

そんな日々のなかで変わらず続けていたのが、剣道の稽古だった。小学校時代は地元の剣道会へ入り、祖父譲りの血筋も周知されていた。その後、松江の武徳殿へ稽古に通い、京都から来ていた師範に指導を受ける。道場の内でも外でも凜々しく立派な恩師の姿に心酔し、本気で剣道に打ち込みたいと意思が固まった。

京都で修行したい——。恩師に相談すると推薦状を書いてくれ、母は京都までの汽車賃と当座の食費を工面してくれた。昭和八（一九三三）年、太田は京都へ行き、大日本武徳会本部武道専門学校の講習科に入学。一八歳の船出であった。

「大日本武徳会」とは、明治時代に武道の奨励を目的に設立された財団法人で、武術の専門家養成機関を開設した。その道場があった武徳殿は「日本武道の聖地」と称され、荒稽古の激しさは語り継がれてきた。太田はその武徳殿で錚々たる顔ぶれの師範に指導を受けた。

「毎日が基本の切り返しとかかり稽古ばかり。稽古は一時間でも、それは何時間にも値するほど厳しかった。遠間からの大きな面打ち、大きく振りあげての切り返し、すべて振りかぶって正しく打つことに徹します。振りかぶって打って出れば突かれ、また打っては投げ飛ばされる。もう半殺しのような稽古で一〇秒持つかどうかでくたばってしまう。でも、その稽古で培われた身構えから、〝なにくそ〟と向かっていく不撓不屈の精神と正しい打突が生まれてくるのです」

まさに〝道場を舐める〟ように床を這い回っていた、と身振りまじりに語る太田。初めの半年は稽古を終えて下宿へ帰ると、疲労困憊で三〇分ほど身動きもとれなかった。その稽古もさることながら、苦学の日々は苛酷だったと顧みる。

「駄菓子屋の二階で三畳一間を月三円で借りたんです。実家から仕送りがないので新聞配達をして、給料は月七円五〇銭。それでは講習科の月謝五円と下宿代三円を払うにも足りず、飯も食えんなと。しばらくして配達所に住み込んだら、今度は夏になると、南京虫に嚙まれて痒くてたまらない。暑いから風呂に入りたくても風呂代を浮かすため、晩になると石鹼を持って武徳殿近くの疎水へ行ったものです。もの凄い急流なので立ち泳ぎしてました」

真冬の凍てつく寒さでも、部屋には火鉢すらなかった。着るものは母が縫ってくれた紋付の羽織に絣の着物と袴だけ。食事は一日一食の日も多く、腹がすいてならない。おでん屋の親父さんに「ご飯代だけでいいよ、おかずは金いらん」と食べさせてもらったり、染物屋のおばさんから新聞配達の途中で冷えたトマトをもらったり、人の情けが身に沁みた。

「それでも満足には食べられないから、夜の商売を探したんですわ。そしたら電信柱に貼ってある求人の紙が目に入り、漬物の素を入れた袋をリヤカーに積んで漬物問屋まで運ぶことだった。朝は新聞配達、夜は三日に一度の割で京都と大阪をリヤカーで往復する仕事を始めました。その通り道でも道場を探し、稽古をしていました」

ある日、思いがけず母から荷物が届く。中に入っていたのは、黒塗りの胴だった。母の思いは嬉しかったが、やむなく質屋へ持って行った。それは母に言えず、後々まで悔やむことになったという。

京都の武徳殿で稽古に励んだ四年間。しかし、その道は日中戦争に出征したことで中断される。昭和一二（一九三七）年、二三歳の太田は中国北部へ渡った。

脚気、マラリア、肋膜炎

北京から天津へ、そこでは約三〇〇人の軍人が駐屯し、半数以上が日本刀を持っていた。太田は隊長に命じられ、全員に剣道形を教えたという。さらに河北省石家荘では鉄道隊に配属され、前線に出て弾丸運びを任ぜられる。怖れを知らず命がけで遂行したが、ほどなく脚気とマラリアを患って北京の病院に入院。マラリアはなかなか完治せず、郊外の野戦病院へ転院して養生することになった。

「そこで面白かったのは、軍隊で剣道大会をやったんですわ。私は患者なのに隊長命令で衛生兵として出ることになった。隊長いわく『命は俺が預かる。絶対殺さない』と。三八度の熱をおして試合に出ると、決勝戦まで進んだ。相手は剣道五段の大尉でしたが、最後の勝負で小手をとって優勝したんです。試合後、ある衛生兵から『太田さんは（優勝したから）きっと一週間以内に内地送還になるよ』と教えられ、それは嬉しかったですね」

一週間後、病院船で日本へ帰国。姫路で除隊すると京都へ立ち寄り、世話になった人に挨拶を済ませて松江へ戻った。だが、マラリアによる発熱を繰り返し、肋膜炎も患ってしまう。痩せ細った体で稽古をしていたら、「死んでしまうぞ」と医者に叱られた。やむなく島根療養所の庶務課に勤務。療養所では患者が亡くなると、人手もないため棺桶を用意し、身寄りのない人に着せる浴衣を集めることもした。

その頃、療養所の会計に入ったのが、大阪から疎開していた一〇歳年下の女性。

「ぱっと見たら、何と美人だろうと。よし、嫁さんにしようと思ったんです」

彼女の親に「お嬢さんを世界一幸せにします」と頭を下げ、二人はめでたく結婚した。

戦後、太田は妻の福江とともに文房具店を営み、商売は順調に伸びていく。店では刑務所を出所した若者たちを雇い、更生を目指すための手助けもした。

剣道の稽古も再開する。京都時代の剣友との再会をきっかけに、神社の境内で始めた。そのうち人数も増えて、警察署の道場で稽古をする。やがて高等学校の道場で少年剣道の指導にあたるようになった。

剣道一本で生きたい

ようやく剣道家の道が拓けていくなか、転機を迎えたのが三九歳のとき。大阪に生まれ育った妻の勧めで、小学生になった二人の息子を連れて、一家で転居することを決めた。大阪では新たに勤め先を探し、小売りの卸問屋に店貸しするビルの管理職に就く。妻も書道教室を開いて生活を支えてくれ、太田は本格的に剣道の指導に取り組み始めたのである。

大阪に出た当初は高校で教えながら、いろんな道場へ足を運ぶ。先輩の紹介で警察署へ稽古に通い、地元のスポーツ少年団や大阪学院大学剣道部の師範に就任する。太田はついに仕事を辞める決断をした。

「剣道一本で生きたい、と女房に相談したんです。生活は苦しくなるとわかっても、女房は何も言わなかった。息子たちも大学を出ていましたから、もう心配するなと。『お父さんに剣道をさせてやりたい』と言ってくれたんです」

太田は自身の道場も開いた。東京オリンピックの前年、昭和三八（一九六三）年に発足した「大阪講武館」だ。現在も息子の俊明によって、新御堂筋の高架下で稽古が続けられている。

道場といっても、床板を敷いただけで壁もない高架下。雪の日は一面真っ白に埋もれ、横なぐりの雨が降ればびしょ濡れになる。壁を造る話も出たが、稽古に通う子どもたちは「日本一寒い道場がいい」とむしろ反対したという。

太田はそこでどのような指導をしてきたのだろう。

「勝つとか負けるとかではなく、私が京都で習ったことだけを教えたんですわ。剣道では基本の稽古がいちばん大事。その基本とは小手先で竹刀を振るのではなく、大技で先生に打ち込んでいくことです。大技で稽古していると、小技になったときに本物の技が使えるようになる。試合で負けてもいいから、内容のいい立派な剣道をしなさいと教えるんです」

大学の学生たちへの指導でも、通常剣道の稽古で行う細かい技の練習は一切行わず、一貫して切り返しとかかり稽古のみ。試合で選手が負けても怒らないというのが信条だった。負けても「今日は良かった」「明日があるぞ」などと励ますものだから、学生から「負けて褒められたのは初めてだ」と言われることもあった。

「そして卒業生には、『初めての給料はご仏前に備えて、お母さんに全部預けなさい』と話すんです。それを実行した学生のお母さんから電話があり、息子が初めての給料を自分にくれたのだと、電話口で泣いておられたこともありました」

剣道の世界には、その人の人生を豊かにできるような教えがたくさんあることを、太田は子どもたちに伝えたかった。

「たとえば『母』という字を書いてもらい、その意味を説明します。『母』という字にある二つの点はおっぱいで、横棒は赤ちゃんに添える手。『君たちはお母さんにこうして抱かれて育てられたんだから、いつまでも親孝行をしなさい』と教える。そして周りの人々にも優しくあれと。剣道をやる者はそういう精神を身につけて生きてほしいと願ってきました」

武道としての剣道

太田の指導はいかに受け継がれているのか。

長男の俊明は父の後を継いで、大阪講武館の館長代行を務めている。剣道を始めたのは三歳の頃。「知らないうちにおやじに道場へ連れて行かれ、気がついたら剣道をやっていたということでしょうね」と苦笑する。

幼い頃から父の指導を受け、稽古で怒られたこともなかった。ただ一度きつく叱られたのは高校生のとき。家で生意気な口をきいたことが父の気にさわり、いきなり「木刀を持て」と挑まれる。さすがに怖くなり、裸足で外へ逃げたという。

「もともと剣道はそんなに好きじゃなくて」と洩らすが、大学では剣道部に入り、外資系企業に勤めてからも地元で稽古を続けた。大阪の父の道場を手伝うようになったのは、四〇代半ば。病床についた母からの頼みだった。そこから自分も指導者の道を歩むことになった。

「おやじの教えは、稽古でも試合でも勝つ剣道じゃなく『基本に忠実な剣道をしなさい』ということ。勝負に勝つことを目標にしていたら、単なる競技になってしまうでしょう。しかし、剣道というのは礼節を尊び、人間形成を求め続ける道なんです」

若い頃はやはり勝つことに目が向き、意見がぶつかることも度々あった。だが、子どもの指導をするようになって、父の教えが腑に落ちたと、俊明は言う。

「子どもには愛情をもって接しなければだめだと、おやじによく言われました。叱るべき時は厳しくとも、愛情があれば相手に伝わる。試合に負けても、良い剣道をしたら褒めてやる。褒められることで上達するのだと。子どもたちに怒っているところも見たことないですね」

さらには「人生の師」と仰ぐ弟子もいる。かつては空手を学んでいたが、本物の剣道を志して門を叩いた齋藤健司だ。初めて太田の道場を訪ねたのは十数年前。三〇、四〇代の若手が中心となった講武館の支部が高槻にできたときである。

「すでに八八歳になられる先生が切り返しやかかり稽古を受けていて、足さばきや身体の動きが凄かったんです。正直なところ剣道はスポーツだと思っていたけれど、先生が指導するのは武道としての剣道なのだとわかりました。スポーツの剣道は、反射神経や体力に任せたものだけに身体が衰えるとできなくなる。けれど、武道の剣道は気力を磨いていくので、歳を重ねるほど高めていける。先生はそういう気位の高い剣道を継承されている方なんです」

剣道を始めたときは、いかに相手を制するか、どうすれば人より強くなれるかということしか頭になかった。だが、太田のもとへ通ううちに「強さ」の意味が変わっていったと振り返る。

「人に勝つことも強さではあるけれど、むしろ自分に勝つことを学びました。厳しい稽古を重ねると心の弱さが出てしまう。そこで反省し、次は自分の弱い心に勝とうと思う。だから、剣道の稽古はやればやるほどきつくなるんです。剣道は一本振るのも命がけで、真剣勝負にどんどん近づいていくんですね」

自身の生き方も問い直すことになった。京都で数寄屋建築を手がけていた齋藤は、武道と出合ったことでより自然な生き方を求め、今は農業に取り組む日々を送る。

「先生は相手が秘めたものを引き出してくださる。初心者ならば初心者なりに力を引き出し、もっと強い人ならより強さを増していく。ご自分もそこまでの修行をされているからできることでしょう」

剣道ひと筋に生きる太田を支えたのが妻の福江だ。大阪へ出てきた頃は育ち盛りの息子たちを抱え、着物を質に入れては生活費を工面していた。それでも愚痴をこぼすことなどなく、「お父さんは善いことをしているから、きっと良いことがありますよ」と笑みを絶やさなかった。

結婚後に始めたなぎなたの上達は早く、剣道も三段まで取っていた。高架下の道場では子どもたちの指導も手伝うようになった。そんな妻に感謝の念は尽きないと、太田は顧みる。

「私はいつも『愛している』と言うんです。でも、女房は何も言わなかった。ただ笑っているだけで、とうとう最後まで言ってくれなかったですわ……」

妻はがんで闘病生活を送り、六八歳で他界した。最期のときも人前では泣かなかったと太田はぽつりと洩らす。だが、妻の入院中は病室に寝泊まりして付き添い、末期で自宅へ戻ってからは献身的に看護する姿を、長男の俊明は見ていた。

「おふくろが逝った後はもう三カ月で死ぬんじゃないかと思いました。会社から帰ってくると、いつも真っ暗な部屋にひとり居て、声をかけても元気がない。あんまりそれが続くので『おやじ、死ぬつもりか』と聞きました。『おふくろを追って死ぬのはかまへん。それが今のおやじの希望ならそれでええと、僕も納得する。でも、おふくろは納得しないと思うよ。だから、おふくろの分まで、せめて一〇年か二〇年は長生きしたらどうや』と懇々と何回も話したんです。そうしたら急にいつからか『そうや、お母さんの分まで長生きする』と言い出して……」

多いときは五カ所で稽古を受け持ち、高架下の道場へは九〇代まで通った。そんな太田も幾度か大病を患っている。九五歳のときには急性肺炎で危篤に陥り、一命は取りとめたものの、認知症の重篤な症状が出始め、幻聴や幻覚に脅かされた。だが、家族の手厚い介護と薬の治療が功を奏し、半年ほどで奇跡的に回復したという。

さらに近況でも家族を驚かせたことがあった。咳がとまらず苦しいと訴えたので、かかりつけの医師に連絡すると「心不全」ではと言われ、すぐ救急車が駆けつけた。すると本人はステッキをついて一人で救急車に乗り込み、病院へ向かう。入院中も廊下で体操やスクワットなど運動を欠かさず、二週間で元気に帰宅したのである。その強靭さには息子も舌を巻く。

「それは前向きですよ。市販の商品でもこれを飲んだら軽やかに歩けると言って試し、膝痛に効くというコマーシャルを見れば、さっそく買うんです。冗談まじりに『おやじ、いつまで生きる？』と聞くと、この間まで『一〇五』と言ってましたけど、今はちょっと延びました。『もう、そんなに無理せんでもいい。おふくろが待ってるから、早く逝ったらどうや』と言うと、『いや、まだまだ』と。そのひと言ですから」

その前向きさは剣道のみならず、多彩な趣味もひと通りではない。戦後しばらく剣道ができなかった時期には社交ダンスを習い、音楽の道へ進んだ兄の影響でヴァイオリンやマンドリンを弾いた。五〇歳を過ぎてピアノを習い、八〇を越えてからはサックスの演奏に夢中になった。

自宅には重厚なオーディオ機器を備え、クラシックを楽しんでいる。部屋の壁を飾るのは、自然の風物や街並みを描いた自筆の油絵。九〇歳近くになってから孫の誘いで教室へ通い始めたのがきっかけだった。絵を描くのは好きで水墨画を続けていたが、たちまち油絵も腕をあげ、九三歳で初の個展を開いた。

まだまだ、やりたいことも尽きないが、「今はもう剣道だけ」と太田は目を細める。一〇〇歳を越えても日々鍛錬を怠らないのは、毎年五月に京都で開催される「全日本剣道演武大会」に出場するため。若き日、厳しい稽古に明け暮れた武徳殿の道場に立つことが生き甲斐なのである。

座右の銘は「愛」

「全日本剣道演武大会」とは、国内はもとより世界各地から錬士六段以上の三〇〇〇人を越える剣士がつどい、一年間の修練の成果を披露する大会だ。太田も試合前は稽古を重ね、当日は一人で出かけていく。歩くときはステッキを欠かせないが、胴着をつけて道場に立つと、毅然とした姿が衆目を集める。

そこで相手と向き合うとき、太田は何を思うのか。

「いや、何も考えていません。無念無想、ただ〝無〟ですわ」

剣道とは自分との闘い。だからこそ終わりがないのだと太田はいう。

剣道には「気剣体」という言葉がある。「気」とは意志や心の動き、十分な気合いがあるかということ。「剣」とは刃筋正しく打突できているか。そして「体」とは正しい姿勢を保てているかということだ。この三つが一致しなければ、試合で「一本」とは見なされない。

さらには打った後に「残心」が必要になる。「残心」とは文字通り「心を残す」こと。打った後も油断せず、いつでも相手の動きに対応できる身構えを保たなければいけない。剣道に限らず、人として生きるうえでも大切なことと説く。

「世の中でも残心は必要です。たとえば道路で角を曲がるときは、その先に自動車が来ることを考えなきゃいかん。人に何か教えるときも、後からそれがちゃんと伝わったかどうか省みることが大事。自分の心を残すということです」

それはすなわち、自分が向き合う相手を慮ることにもつながるのだろう。二〇一八年の一〇月に一〇四歳を迎える太田にあえて座右の銘を問えば、ひと言、「愛」と答える。

「『愛』という字は、『心』を『受』けると書く。つまり、すべての心を受け容れるという意味です。ただし『受』の下は『又』だけど『愛』という字は一画多いでしょう。その意味を何かで調べたら、『確かに受けいれました』ということらしい。なるほど、と気づいたのです」

剣道においても、相手の心を確かに受けいれる度量の大きさが人間形成につながっていく。太田は道場で教える者たちにも惜しみない愛情を注いできた。だが、傍らで支えてくれた最愛の妻には、どれほど思いを伝えられたことか……。

「だけど、女房も絶対に愛してくれてますわ。それはもう自信があります」

剣道は、愛に始まって愛に終わる。そして人生もまた、愛に始まって愛に終わる。それは、一〇三歳現役剣士がなお熱き胸に秘める矜持である。

9 言語学者　川崎桃太　一〇三歳

フロイス『日本史』の第一人者

〈人生はよく旅路に例えられてきた。旅路には始めがあり、終わりがある。誰が何時、どこで、どんな環境の下で旅を始めるか、誰も分からない。〉

一〇〇歳を経て、『フロイスとの旅を終えて今想うこと』を著したこの人は、今、自身の〝旅路の終わり〟に何を想うのか――。その問いを抱えて、京都・山科の自宅を訪ねたのは二〇一八年が明け、ほどなく大寒を迎える頃だった。

玄関で出迎えてくれたのは、大島紬の着物姿に銀髪が映える矍鑠たる紳士。その御歳にはとても見えぬ身のこなし、溌剌と語りかける笑顔に惹きこまれ、老境への問いはそっと胸にしまい込んだ。

書斎の書棚には、ポルトガル語、ラテン語の原書や言語学関係の書籍が揃う。ひと際

9　言語学者　川崎桃太　103歳

目を引くのは一二巻におよぶ『フロイス日本史』だ。

ヨーロッパでは大航海時代とも呼ばれた一六世紀、ポルトガル人宣教師ルイス・フロイスが南蛮船で渡来し、戦国時代の日本を克明に綴った布教史。その翻訳・研究における第一人者が、言語学者の川崎桃太である。

五世紀近い歳月を越えて、川崎はポルトガルで発見した膨大な写本を持ち帰り、六〇代で完訳に挑んだ。フロイスの『日本史』には、織田信長や豊臣秀吉など戦国の武将たちが群雄割拠するさまが活写され、中世史研究の貴重な史料となった。歴史小説や大河ドラマなどで描かれる信長や秀吉らの姿もその史実に拠るところが大きく、翻訳に携わった、後述する松田毅一と川崎の功績は広く認められる。一九八一年には菊池寛賞を受賞。さらなる研鑽を重ね、『フロイスの見た戦国日本』などの著作も送り出してきた。

四十数年にわたり情熱を傾けてきた川崎は、その真価をいかに見出したのか。

「フロイスの『日本史』とは、フランシスコ・ザビエルが来日した一五四九年に始まり、いよいよ最後となった一五九三年までの宣教師たちの布教の歴史について書かれたものです。しかし、フロイスは見るもの聞くものすべて珍しいものを筆にする性格で、途中で出会う人物、訪れた庭園、お寺などの建築、日本の文化や芸術にも深く感動し、詳細に文章におさめている。天才的な才能のある男でした。外国人で日本の中世をこれほど克明に描いたのは、フロイスをおいて他にいない。日本の歴史を海外に知らしめた大きな功績者だと私は思っております」

川崎がその写本を発見したのは五〇代の終わり。当時は京都外国語大学で教鞭をとっていたが、専門は言語学である。実はそこに至る道のりも学問ひと筋に歩んできたわけではなかったという。

それが何故、フロイスの『日本史』にこれほど心血を注ぐことになったのか――。

「私の人生は五〇年で大きく分かれます。前半の五〇年とは……」

川崎がおもむろに語り出した旅路の始まり。それはまさにフロイスの如く、波瀾に富む人生の幕開けであった。

ブラジルへ移民

「旧制中学時代を萩で過ごした私が、四年生の時のことでした。里のほうから『ブラジルへ行く』という連絡が来ましてね。まさに青天の霹靂といいますか」

大正四（一九一五）年生まれの川崎は山口県の俵山（現・長門市）で育つ。素封家の一人息子である父親は大正末期から村長を務めていた。母親は川崎が三歳のときに妹を産んですぐ他界。すでに嫁いでいた姉を除き、再婚した両親、兄二人と妹、三人の継母の子どもを含めた大家族で暮らした。

俵山は山あいの簡素な温泉町だった。明治生まれながら中学を出た父親は大阪や東京にしばしば通い、車社会の到来を予見。後に県道となる車道の建設に尽力した。村に三つある小学校を統合する大事業もやり遂げたが、無給で村長を務める父は、村の経済が逼迫している実情を思い知らされた。

「すると何を思ったのか、おやじは祖先から継いだ山や田畑、広い屋敷まで全部売って、かなりの部分を収入役に渡し、自分たちはブラジルへ行くと言い出したのです。無謀と県知事に止められても頑として聞かない。ならばと、筆の達者なおやじは通信嘱託の肩書を与えられ、私たちはブラジルへ渡りました」

私財をなげうって村の窮乏を救おうとした父は、昭和五（一九三〇）年、妻と家族を連れて新天地へ。サンパウロ州には、日本政府が後押しするブラジル拓殖組合が購入した二つの日本人植民地があった。国から派遣された医師や教師もいて、農業の経験がなくとも一〇町の土地を得て、自由に生活できたのである。

ところが、一年後、結核を患った父は大量の血を吐いて五〇歳の若さで亡くなってしまう。息子たちはブラジルに残り、川崎はやがてドイツ人の宣教師とめぐり会ったことがきっかけで、信仰に目覚め、二〇歳のときに洗礼を受けたのだという。

「人生が一変しました。それは私の欠点でもあるけれど、まさに直情径行というか、キリスト教の精神に共鳴して一心に打ち込みました。神の存在を中心に据え、神が示された人間としての掟に沿って生きること。簡潔に言えば、『己を愛するごとく人を愛せよ』ということです。自分中心ではなく、人のために尽くすということが本来の神の教えなのです」

川崎は神父の仕事を手伝うため、二人の兄と別れてサンパウロ市へ。イエズス会の司祭が日系二世のために建てた学生寮で働きながら、夜学へ通う。ポルトガル語は話せても、学問にはラテン語が欠かせず、文法を初歩から学ぶ。その後、リオ・デ・ジャネイロから程近い町にあるアンシエータ大学の予科へ入学。さらに本科へ進んで哲学を専攻した。六年を勉学に捧げ、ブラジルの中学校でラテン語と宗教を教えられる免許を取得。サンパウロへ帰り、学生寮の副舎監を務めた。

「そして、ちょうど私が三〇歳のときに、世界大戦が終戦を迎えたのです……」

ブラジルで青年期を過ごした川崎にとって、日本の戦局は現地で報じられる新聞記事で知る他になかった。第二次世界大戦が勃発したのはアンシエータ大学に在学中のこと。やがて日本海軍がミッドウェイ海戦で大敗したことを知り、人知れず故国の敗戦を憂えていたと顧みる。

二五年ぶりの祖国

「ブラジルの日本人の中には敗戦を認める者と受け入れない頑固な連中がいましてね。両者の間で流血の惨事が続き、毎日の夕刊は寒々とした事件ばかり報道していた。その頃、学生寮の司祭宛にスイスの赤十字社から日本の敗戦を告げる通達が来たのです。日系社会に知らせるべきかと相談したところ、非常に危ないということで公表されずに終わりました」

戦後、川崎は南部のサン・レオポルド市の大学院で学び、再びサンパウロへ学生寮の舎監として赴任。数年後、上司より日本へ帰るよう命令され、二五年ぶりに祖国と再会することになった。

昭和三一（一九五六）年二月末、川崎が乗る一万二〇〇〇トンのオランダ船はサントス港を出帆した。アフリカ経由でケープタウンに寄港し、四月半ばに神戸港へ。赤道を越える五〇日ほどの航海で真っ黒に日焼けした身には、日本の春風も冷たく感じられた。

川崎は何を想い、何を見たのだろうか。しかし、よどみなく語られた前半生の歩みは、ふと途切れる。これまで公に明かすことなく、なお気が進まぬことを前置きしたうえで胸に秘めた思いを口にした。

「再び祖国に会えた喜び。それはもう言葉にすることはできません。見るもの、聞くもの、何もかもが愛しく、懐かしくて、あの感動は忘れられませんね」

異国の地にあっても敗戦の惨状を知り、原爆で廃墟と化したヒロシマの写真が脳裡に焼きついていた。まず広島へ向かうと、戦後まだ一〇年余りの歳月でも小さな町ができ、懸命に働く人々の姿がある。山口の郷里を訪ねると、田畑にまかれた肥しの匂いまで懐かしかったとほほ笑む。

帰国後、川崎が神父として着任したのは、京都・河原町にあった聖ザビエル天主堂。日本で初めてキリスト教を伝えたフランシスコ・ザビエルを記念し、所縁ある地に建てられたカトリック教会だ。

長らく使わなかった日本語に戸惑うことはあったが、日々の生活に慣れるほど抑えがたい情熱が湧いてくる。四季折々に移り変わる自然、織りなされる繊細な美や人々の振舞いのしとやかさ。ラジオから流れる「朧月夜」や「夏は来ぬ」などの童謡や民謡、演歌までも胸に響く。

「久しく忘れていた日本人の心、日本の文化、まるで干からびた海綿が水を吸い込むように祖国のあらゆるものに惹かれ、もう一度手に入れたいと切実に思うようになりました。しかし、私にはカトリックの聖職者として果たすべきことがある。その狭間で葛藤し、悩み抜いたあげく、もう駄目だと思いました。こんな状態では聖職者の道を続けられないと。神様の前で正直な生き方をしなければならないというのが私の信念でしたから、自分の内面に反する生活は嫌だった。自分の心に正直に生きようと決意したのです。そして、教会を出て行きました」

還俗

幸いにもその後、理解ある司教の協力を得て、ローマ・カトリック教会へ還俗する許しを願う手紙を書いたところ、ローマ教皇の署名で転身を許可するという書状をもらうことができた。だが教会の大改革を告げるバチカン公会議以前のことだけに、聖職を離れる者への視線は厳しい。川崎は今なお心の痛みを覚えるのだと洩らす。

「それでも信者として堂々と教会へ通い続けた。人に何を言われようと構わない。神様はすべてをご存知だから大丈夫だと。私は自分の道を行こうと前へ進んだのです」

さらなる人生の一歩を踏み出した川崎は、新たな家庭を築き、希望する教職も得られた。京都外国語大学でポルトガル語とラテン語を学生に教えることだ。いよいよ五〇代にして後半生が始まる。

その先に待ち受けていたのが、フロイスの『日本史』との運命的な邂逅であった。

幻の写本

「今、思い返しても不思議な体験で、これこそ神のお導きだと思いました」

彼方に思いをはせる川崎の目には、あの時の光景が鮮明によみがえる。

ポルトガル政府から奨学金を受けて留学したのは一九七四年七月。川崎はリスボンの小高い丘に立つ王宮図書館で、膨大な数の古文書と向き合っていた。六二巻からなる「アジアにおけるイエズス会員の集書」の目録を作ることが目的で、難解な文字を相手に悪戦苦闘の毎日が続く。そして、一カ月余りが過ぎたある日のこと。

「今までに見た文字とは全く違う美しい文字で書かれた文書を見つけたのです。よく見ると、それがフロイスの『日本史』だった。衝撃を受けましたね」

フロイス直筆の原書は現存しない。もともとマカオのイエズス会の図書館に保管されていたが、一九世紀の火災で焼失したのである。しかし、その一世紀前にポルトガル政府の命令により、マカオにある古文書は写本に収めて持ち帰られていた。川崎が発見したのは、奇跡的に救われた『日本史』の写本だった。

見た目には綺麗な文字でも、一六世紀のポルトガル語とラテン語が入り混じる古文書は誰もが訳せるものではない。二つの言語に通じた川崎には天の配剤とも思われたが、重大な欠落部分があることに気づく。全巻のうち五年分の写本が抜けていたのだ。研究者たちも探し求めていたが、所在は謎めいたままだった。

その矢先、不慮の事態が起きる。王宮図書館で火事が発生して、一時閉鎖になってしまう。やむなく国立中央図書館へ移り、「日本関係の古文書はあるか」と聞いても見つからない。それでも引き下がらず古文書に精通した人を尋ねたところ、年配の館員が出てきた。「一六世紀にマカオで制作された写本で日本の布教に関する記録を探している」と伝えると、彼は「ああ、あれか」と頷いて奥へ入り、二冊の立派に製本された書物を抱えて現れる。表紙を開くと、美しい文字が目に飛び込んだ。

「幻の写本でした。そもそも火事がなかったらあの図書館へ行かず、二冊の写本を発見することもなかった。『日本史』の完訳もできなかったかもしれません」

　実はポルトガルに戻った写本も、ナポレオンの侵攻によって首都を移転する渦中で転々としていた。その一部がパリやドイツの古書店を経て、フランス人の古書収集家の手に。最終的に故国リスボンへ戻ったのは一九世紀末だったという。

　川崎は館長に、この写本が日本人にはいかに貴重なものかを説明した。マイクロフィルムにして持ち帰ることを許され、王宮図書館でも承認される。意気揚々と帰国したのは一二月末、大晦日の日だった。

　当時、京都外国語大学には南蛮学の権威で、フロイスの研究者である松田毅一がいた。川崎が『日本史』の写本を持ち帰ったことを喜び、コンビを組んで翻訳を進めることになった。川崎が直訳した文章を、松田が流暢な文章に変えていく。大学の職務の傍ら、寸暇を惜しんで作業に明け暮れた。

　その初版が中央公論社から『フロイス日本史』として刊行され、最後の一二巻が完成したのは一九八〇年。五年がかりの労作は反響を呼んだ。

「私は六〇歳から始めましたが、小柄ながらも健康だったから体力もあったんですね。血圧が上がり過ぎて中断したこともあるけれど、頭の中にはフロイス以外になかった。やり遂げようという気力さえあれば必ずやできるもんですよ」

一五六三年、フロイスは南蛮船で西九州の横瀬浦へ上陸。二年後に都へ派遣され、後に『日本史』を執筆するため九州へ退くまで、五畿内を拠点に布教活動を行う。三〇年に及ぶ滞在中は名高い神社・仏閣、庭園をしばしば訪れ、時の権力者とも交わった。殊に異彩を放つのが織田信長との親交である、と川崎はいう。

信長とフロイス

「信長はフロイスと一八回も会っています。はるばる訪れた岐阜城では、信長が自ら膳を運んで、『汁をこぼすな』と言い、『秋になったらまた来るがよい』とも告げている。無遠慮で尊大な人物像からは想像できないような、デリケートで温和な待遇を宣教師に施しています。なぜなら、信長は南蛮文化に非常に興味があったわけです。だから僧侶たちの猛反対を無視して、完全な布教の自由を与えた。すなわち宣教師たちの最大の守護者は信長でした」

だが、一世を風靡した信長も晩年は権勢におぼれて傲慢となり、己を神に祀りあげるような言動が目立ち始めた。伴天連たちが信長に抱く尊敬と愛情も影を潜めていく。

やがて本能寺の変が起き、事件は直ちに伝えられた。フロイスは〈我らが知っていることは、その声だけでなく、その名だけで万人を戦慄せしめていた人間が、毛髪といわず骨といわず灰燼に帰さざるものは一つもなくなり、彼のものとしては地上になんら残存しなかったことである〉と、非情な記述を残している。

フロイスは、謀叛を企て、主君に背いた明智光秀も容赦しない。〈過度な利欲と野心が募りに募り〉天下の主になることを望むまでになった、と捉え、このうえなく狡猾な悪玉として描いていた。

一方、主君の訃報に接した秀吉は「中国大返し」と呼ばれる早業で二七里の道程を一日半で駆け抜け、山崎に布陣して光秀を待ち構えると、弔い合戦に臨む。信長の後継者に躍り出た秀吉だが、フロイスは〈彼は優秀な騎士であり、戦闘に熟練していたが気品に欠けていた〉と評し、醜悪な容貌の持ち主とも記す。秀吉を見る目は冷めていたと川崎はいう。

「フロイスはリスボンの王宮で仕えた経験があり、信長に武将の風格を感じたのでしょう。ところが、秀吉は領主としての気品や武将らしい威厳に欠けていたためか、対照的な評価をしています。秀吉も最初は宣教師に友好的で、教会の土地を与え、大坂城を築城したときには歓待している。けれども仏教徒の僧侶たちからキリスト教への反発心を盛んに植えつけられ、ついに禁教令を出したのです」

秀吉の女癖も隠し立てせず、大坂城には一〇〇名を超える娘や人妻が囲われていたと暴露する。ことに秀吉の晩年に強行された朝鮮出兵を、フロイスは狂気の沙汰と論じ、海外侵略への野望がいかに無謀で愚かな企てであるか、を見抜いていた。

「歴史というものは往々にして勝者によって記録が残されるため、不名誉なことや一族に不利なことは改竄し、都合のいいように書かれる。それゆえ歪められてしまいます。ところが、外国人は見たままを克明に記すので客観性のある記録が残る。文才に長け、鋭い観察眼を備えたフロイスはナンバーワンの文筆家といえるでしょう」

フロイスに魅せられて、自身もその研究に人生を捧げていく。そんな川崎の生き方を家族はどう見ていたのだろう。

・

「上等のパパや」

京都育ちの妻・良子が川崎と出会ったのは二〇代半ば。信仰をもつ友人と一緒に河原町の教会を訪ねたのがきっかけで川崎と言葉をかわすようになる。

「とても若々しく見えました。思慮深く、自分の周りにはいないような完成された男性像に惹かれたように思います」

二〇歳も年の離れた良子は、神父の身では結婚できないことも知らなかったと苦笑する。それでも二人は、人を愛する気持ちに正直に生きたいと願った。川崎も転身を許され、良子を伴侶として家庭を築き、二人の子どもに恵まれた。

「幼稚園の運動会で、子どもに『パパはちょっと歳がいってるから、若いお父さんと走ってるのは恥ずかしくない？』と聞くと、『全然。上等のパパやと思う』と嬉しそうに答えます。ああ、よかったとホッとしました。パパが帰る頃には玄関で待っていて、主人は一人ずつハグします。喘息気味の息子は発作が出ると『パパ、パパ』と抱きつき、主人は背中をさすって安心させる。子どもへの愛情は惜しみなく、よく『パパの命だよ』と言っていました」

小学校からミッションスクールに通わせ、日曜日には家族で教会へ行く。娘と息子も幼児洗礼を受けていた。深い信仰は揺るがず、フロイスの『日本史』に注ぐ熱意は妻の目にも格別に映った。

「書斎にこもりきりで、時々、『パパ、生きてるかな。ちょっと見てきて』と頼むと、子どもが『生きてるよ』と。夜寝ていても、何か文章が浮かぶとぱっと起き出していくほど集中していました」

一つの目標に向かって打ち込む父の姿を見てきた息子の靖弘は、いつしか海外で仕事をしたいと思いがつのる。夢を果たし、日本石油（現・JXTGエネルギー）で海外展開の事業に携わり、世界各国を飛び回る日々を送る。ブラジルでは父の親戚がいると聞き、連絡したこともあった。

「おやじはこういう国で青春時代を過ごしていたのか、と感慨深いものはありました。私が知ってるおやじは大学の教員として働く姿です。実はブラジル時代の経験や日本で母と結婚した経緯なども詳しく聞いたことはなかった。何かの拍子におやじがぽろっと洩らした言葉で記憶をつなぎ合わせていただけなので……」

父親の年齢を知ったのは小学生の頃。参観日では若い親たちの中に五〇代後半の父がいた。家で仕事する日も多く、子供心にもずっと「おやじは変わってる」と感じていたという。食卓では父だけがナイフとフォークを使っていたこと。日曜日に教会へ通わされるのも嫌で、途中でやめた。自分の意志で京都大へ進み、まるで違う企業人の道を歩んだが、自身も親の身になってふと思うことがある。

「おやじは相当意志が強い人なんだなと。だからこそ、五〇近くになっても家庭をもって、子どもたちを育てあげた。おふくろとずっと仲良く暮らしているけれど、たぶん自分は長生きしなければいけないという責任感もあったかもしれない。それはリスペクトできることですね」

今、自分も五〇代になって、父の旺盛な意欲に舌を巻く。九〇歳のときに前立腺がんの手術を受けて、完治。一〇二歳で食道がんと告知されたときも、医師さえ危惧する厳しい放射線治療を望んで克服した。何があっても悲観せず、どこか楽天的にも見える父を、靖弘は朗らかに激励する。

「まあ頑張って長生きしてくださいと。目指せ、一一〇歳ですよ」

何のために人生はあるか

一〇〇歳を迎えたところでフロイスとの旅を終えたという川崎は、日本への尽きない想いを回顧する。その根本にあるのは太平洋戦争だ。戦時中はブラジルにいて徴兵を免れたが、故国にいれば太平洋の藻屑となっていたかもしれない。帰国後はそんな負い目もあって口を閉ざしてきたが、異国にいたからこそ見えることもあった。

「日本はなぜ世界を相手に無謀な戦争に陥ったのか。軍部の支配に国の政治が巻き込まれたのか、冷静に客観的に考えてみるべきでしょう。とはいえ日本が丸裸で、憲法九条があるからといって、有事に際して何もしなかったらどうなりますか。自分の生命を守る権利があるように、一国もやはり海外からの不当な侵略に対して国を守る義務がある。完全に無防備ということは反対ですね。決して戦争はしない。しかし日本の国民と国の財産を守るために必要なものは持つべきであり、正当なことだと思います」

フロイスが訪れた日本は、時の権力者たちが海外への野望に目覚めた時代でもある。それから五〇〇年にわたる変化を見てきた川崎は、今まさに緊迫する国際情勢のもと日本の在り方を模索している。

「日本人の国民性というものはやはり変わりましたね。確かに日本は敗戦という大きな犠牲を払ったけれど、その代わりにかつて知らない新しい民主思想というものを受け容れた。これほど短期間に全国民に行きわたり、それに基づいた政治を確立した国はなく、そういう意味で日本人は優秀だと思います。ただ心得ておくべきは、せっかくの民主政治も舵取りを誤れば、思わぬ災いを招くということ。民主政治を正しく維持するには国民が賢明であることが必要なのです」

戦後一一年経って日本へ帰ったとき、川崎はよく「あんた、どこの戦場へ行きました？」と聞かれ、胸が痛んだという。優秀な若者が何万人も命を絶たれたことが無念でならず、命ある者の使命を悟る。それが仕事に邁進するバネとなり、七七歳まで教鞭を執った後も、八〇代、九〇代でフロイスに関する著作を生んだ。

「体は確かに衰えましたが、まだ何でもできるという気持ちでいるんですよ」

はずむ声で手渡されたのはひと束の原稿だ。ブラジルでの思い出、心に残る友人の話も初めて綴った。そして今の時代に生きる人に伝えたいことがあった。

「人生というものをどのように考えているかということです。お金を儲けて幸せな生活を築き、安楽に一生を全うすればいいと、これが普通の考え方ですね。けれど、私はキリスト教の信仰を得て、何のために人生はあるかということを教えられました。この世には人間を迷わすものが多い。富や名誉、いろんな欲望などにとらわれがちですが、人間には何時、いかなることが起こるかわからない。その人生がいつ終わるのかもわからないのです」

川崎の人生も波瀾に富み、幾多の試練や葛藤にも苛まれた。それでも誰かに助けられ、導かれて、今を迎えることができたのだと想う。その誰かとは、長い人生の旅で出会ったすべての人であり、何より支えられたのは妻と家族だという。

「人間の幸せとは、物やお金ではなく、やはり人と人が愛し合うということ。己を愛するごとく人を愛しなさい、とキリストは言われました。そして、どんなことにも感謝せよと。それがあれば人を恨んだり憎んだりしませんよ。だからこそ、感謝の気持ちをもって、謙虚に生きることを大切にしたいと思うのです」

キリストの教えを伝えるため、戦国日本へ渡来したフロイス。さらに五世紀近い歳月を経て、自身もフロイスに出会うことになったが、二人が果たした使命は不思議と重なり合う。一〇三歳になった川崎は「これも天から与えられた命」と、今なお書斎で机に向かう。

その人生の旅路に終わりは見えず、川崎の見た戦後の『日本史』もいまだ完結していない。

10　俳人　後藤比奈夫　一〇一歳

百歳をクリアーしたる朝寝かな

〈あたたかや句集白寿にアンコール〉

俳壇の重鎮、後藤比奈夫が一〇〇歳にして編んだ句集『あんこーる』。題名によせる思いはあとがきに綴られている。

〈ふと音楽会で演奏の終ったあと、客が拍手でアンコールする情景が頭に浮かんだ。句集にもアンコールがあってもよいのかもと思ったのである。……〉

後藤は関西で七〇年の伝統ある俳誌『諷詠』の名誉主宰をつとめ、俳人協会顧問などを歴任。俳壇の最高賞といわれる蛇笏賞はじめ、晩年の第一四句集『白寿』は最高齢で詩歌文学館賞を受賞した。

白地に朱鷺色の優美なヘラサギが映える『白寿』。その編集を手がけた「ふらんす堂」

の山岡喜美子は感慨深く想う。

「先生から『最後の句集だよ』と言われてお原稿をいただき、しみじみと思いながら編んだ句集でした。とても評判が良くて、先生もお元気でいらしたので、俳句がまたどんどんお出来になるんですね。すると、ある日、お電話がかかってきて『もう一冊句集を作ろうと思う』と言われたのです。『どんなタイトルですか?』とうかがうと、ふふふと笑われて、『あんこーる』、と。先生らしいユーモアがあり、お洒落なタイトルだと思いました」

後藤は『白寿』のあとがきにも最後の句集と記していたが、アンコールなら許されるだろう、と心に決めたという。次なる句集に収めたのは、一〇〇歳の誕生日まで二年ほどの日々に詠んだ三五一句。妻亡き後、神戸でひとり暮らす後藤は蟄居半病身の生活ながら、日々、心に湧いてくるものを五七五の句に込めてきた。

〈月光に濡れて今宵の車椅子〉

〈水涸れて露となりし滝の老〉

老境の想いはつのっても、なお若やいだ鮮烈な俳句も次々に生まれている。一〇〇歳になる新年が明けたときの感覚を詠んで、俳壇で話題となったのが、

10　俳人　後藤比奈夫　101歳

〈あらたまの年ハイにしてシヤイにして〉

四月に迎えた一〇〇歳の誕生日には、

〈百歳をクリアーしたる朝寝かな〉

こうして世に出た『あんこーる』は、高校生から二〇代、三〇代と若い世代にも幅広く人気があると、山岡はいう。

「さらりとつぶやきのように生まれる言葉がきちんと五七五の調べにのって、人の心に飛び込んでくる。決して質も衰えることなく若々しい俳句を作り続けられるのは、根幹にあるものが老いていないということでしょう。いかに辛い思いを抱えていても、俳句の上ではそれを見せず、ご自身の老いをも楽しもうとしていらっしゃる御心が見えてくるのです」

後藤が俳句の世界にふれたのは少年時代。父の後藤夜半は『ホトトギス』を継承した高浜虚子に師事し、俳壇で隆盛するホトトギス派の山口誓子、阿波野青畝らと親交を深めた俳人である。大正六（一九一七）年、大阪で生まれた長男の日奈夫（本名）は、子どもながらに負けん気が強く、家人に隠れてこそこそと俳句らしきものを書きとめていたという。

「何となく五七五が好きで、真似事をしていたけれど、おやじに俳句を勧められることもなかった。俳句で飯が食えるとは思ってもいなかったでしょうから」

どうせ生きては帰れない

大阪・北浜の証券会社に勤めながら、作句に明け暮れていた夜半。そんな父の句帳には、小学生の息子が初めて作った二句が記されていた。

〈枕がや中に子供がひるねかな〉
〈虫がなくちりちりちりと虫が鳴く〉

父もひそかに期待をかけていたようだが、息子は俳句の道から遠ざかっていく。

小学校では開校以来の神童といわれ、担任の熱心な勧めで神戸一中を受験した。中学では俳句部に籍を置くが、いつも父の傍らで眺めている俳句会とは趣が違い、馴染めなかった。かたやスポーツも盛んな名門で野球部のマネージャーを命じられ、甲子園球場のダグアウトに入ったこともある。後藤はトップの成績で卒業し、昭和一〇（一九三五）年、全国から優秀な生徒が集まる旧制一高へ進学した。

当時の東京は、まさに芸文の花咲き乱れ、若者たちの熱い思いが駆けめぐる空気に満ちていたという。夏目漱石や谷崎潤一郎などの小説を読みふけり、寮生活では多才な仲間たちと語り合った。

東京で過ごす三年間、俳句一色の実家ではふれることのない芸能との出合いもあった。父方の叔父たちは喜多流能楽師として知られ、能に親しむようになる。叔父たちが食べさせてくれた江戸前の天ぷらと鰻の味も忘れられないと懐かしむ。

人生の大きな節目を迎えたのは昭和一三（一九三八）年。工学部を志望して受験したのは東大航空学科だった。飛行機は好きではなかったが、クラスの仲間に勧められての挑戦である。しかし、戦時色が濃くなるなかで入試倍率は一〇倍を超え、不合格となる。浪人すれば直ちに召集されると知り、二次募集の大学を受けて免れたものの、意気消沈のまま郷里へ。たまたま大阪帝大の理学部数学科でも二次募集があり、東京から同行した級友と受験し、合格した。

ところが入学してほどなく、阪神大水害に見舞われる。集中豪雨で六甲山が崩れ、河川を決壊した土石流で民家が埋没する惨事となった。東京から来た友人らは帰ってしまい、翌年東大へ入学を果たす。後藤はそのまま阪大に残らざるをえず、物理学科へ転じることを決意。そこでの学びが後の生き方にも深く関わっていく。

「大学の研究室に残り、将来は物理の仕事をするつもりでおったんです。しかし、大学卒業は日米開戦の年。大学を出た者は短期現役将校として召集されますが、どうせ生きては帰れないだろうと思い、自分は短期ではなく、将校として軍務を全うする道を選んだのです」

水戸陸軍飛行学校に入隊し、航技軍曹の肩章をもらう。物理学を専攻した後藤は技術士官になり、飛来する航空機に電波を反射させて位置を確認する実験に携わる。続いてレーダーの電波を発生させるマグネトロンの研究に取り組んだ。

「開戦当初、日本の電波兵器は一メートル五〇の長い波長しか出せず、解像力が著しく弱かったのです。アメリカのレーダーは三センチの波長と歴然とした技術力の差があり、追いつくことはできなかった。そのうち日本は負けて、自分が歩む方向もすっかり変わってしまい……」

一〇年遅かった

大学の公務に戻ることは叶わず、まずは大阪の御堂筋東側の梅田新道で「ボン電気」という小売店を開いた。一階が店舗、二階が事務所のこぢんまりした店で慣れぬ接客もこなす。大きなメーカーに出入りして、下請けも始め、ようやく軌道に乗ったところで電子部品製造の会社を興した。

そうして事業を拡げる傍ら、後藤は本格的に俳句を作り始めていた。

「おやじは俳句を作れとはいわなかったし、母親も俳句にのめり込むことが家族の幸せにはならないということを嫌というほど知っていた。それでも私なりに心が動いて、おやじを手伝ってやらんといかんかなと思うようになったのです」

戦後間もなく父は五〇歳で退職し、俳句に専念した。神戸で『諷詠』を主宰し、病弱な身で細々と結社を運営していく。後藤は両親と妹四人の生活を支えていた。

やがて晩年にさしかかった父を見かね、息子が入門したのは三五歳の時であった。

「おやじには一〇年遅かったと言われました。やはり二〇代の勢いで俳句を作るのとは違い、一〇年の経験が欠落しているのは惜しいということでしょう」

黙々と父について句会を巡り、多い月は二四回に及んだ。その頃、父がよく口にしていた言葉が胸に刻まれている。「句会は真剣勝負の場だ」と。

高浜虚子の弟子である後藤夜半が主宰した『諷詠』。その教えが息子の比奈夫へ受け継がれていく。そもそも『諷詠』とはいかなる結社なのか。自身も夜半の代から師事してきたという『諷詠』副主宰の中谷まもるに説明を受けた。

「高浜虚子先生が提唱した伝統俳句の教えは『花鳥諷詠客観写生』。『花鳥諷詠』とは、季節の移り変わりによる自然現象および森羅万象とそれに伴う人間の営みを見つめ、調べを整えて詠むことです。『客観写生』とは方法論であり、主観をさしはさまず客観的に写生すること。さらに諷詠では『人間は謙虚であれ』という俳句作りの姿勢を標榜し、比奈夫先生も受け継いでこられたのです」

先ず人間になれ

父の夜半は大阪・曾根崎新地に生まれ育ち、能・狂言・歌舞伎・舞などの芸能に対する造詣や古典的教養を身につけていたという。色街ならではの遊里を素材とする句や上方情趣あふれる作品が多く、
〈牡蛎舟へ下りる客追ひ郭者〉
〈あそびめの膝をあてがふ火桶かな〉
「大阪という街に息づく町人文化や上方ことばを駆使して生み出される作品の数々。はんなりとして艶やかな句に深い味わいがある」と中谷はいう。

さらに夜半の代表作として名高いのが、

〈瀧の上に水現れて落ちにけり〉

季題の本質に迫り、伝統俳句の進化の道を一途に歩み続けた夜半。父の滝の句を受けて、後年、比奈夫が詠んだのは、

〈滝の面をわが魂の駈け上がる〉

父の道を受け継ぎながらも、自分なりの作風を築いていく姿勢を中谷も学んだ。

「俳句というものがいかに人間を幸せにするのかということを、骨の髄まで承知されている方なのでしょう」

後藤自身は父の教えをいかに受けとめてきたのだろう。

句作りを始めた頃、「俳人になる前に先ず人間になれ」と言われたことが心に残る。父も俳壇にあって人知れぬ葛藤もあったのか、繰り返される言葉に謙虚であることの大切さを諭された。

父はまた「人と違った新しいことを」としきりに説いた。後藤は新しい素材や発想、新しい言葉による表現を思いめぐらし、俳句に得意な物理学の考え方を取り入れた。

「おやじの後を追っかけても、おやじはいろいろ古臭いことをよく知っているし、言葉

も綺麗ですから到底追いつけない。私はなるべく今の話し言葉で俳句を作りたいと思ったのです。そして、おやじに出来ないことは物理的なものの見方かもしれないと。ところが、おやじにはその面白さがちゃんとわかるんですよね」

ある夏の夕方にはこんな句を詠んだ。

〈空間に端居時間に端居かな〉

気忙しく会社の仕事を終えて、句会へ出かけたときのこと。父と食事をとり、縁側で端居（端に座る）して涼んでいたら、ゆったりと気持ちが落ち着いた。端居とは三次元の空間で使う言葉と考えているうち、ふと時間のことが気にかかる。なるほど空間だけでなく、時間においても端居という心持ちがあるのだと気づき、四次元的な句が生まれたという。

さらに伝統俳句の基本は有季定型。季題が入って、定型の五七五音で詠む。その技法として「客観写生」に徹するが、後藤は独自の緩やかな境地にたどり着く。

「客観写生とは、いわば見たものを見たままに、自分の心を混ぜないで客観的に述べるということ。けれど、私はそれがわかりにくいから、『俳句は心で作って心を消し去るもの』と説きました。やはり心がなかったら俳句は作れません。ならば充分に心を使って写生をし、最後にできあがった形からは心が見えないようにする。たとえ言葉では表現しなくとも自ずとにじみでる余情があり、その中に心があらわれるような作り方を志したのです」

洗い物と掃除は父の担当

三五歳からの遅いスタートながら、父のお供をして句会を巡り、『諷詠』の編集に心を傾けるうち、俳句の楽しさに魅了された。名所旧跡を訪れる写生会などを催し、結社の運営に懸命に尽くす。

父亡き後は主宰を継ぎ、俳壇の仕事も依頼される。雑誌や新聞の選句、そのうち俳句ブームの到来でラジオやテレビ出演、カルチャー教室の講師などの仕事も相次ぐ。『諷詠』の誌友・同人も一〇〇〇人にまで増え、ついに生業の会社を廃業して俳句一本の身に。七〇歳のときであった。

年齢を重ねるほどに心持ちは変わり、詠む句にも滋味が加わっていく。後藤は折々に句集をまとめてきた。『初心』に始まり、六〇代半ばで出したのが第四句集『花匂ひ』である。当時、詩歌専門の出版社で編集を担当し、以来、三十数年のつきあいになるの

が前出の山岡喜美子だ。京都の祇園祭の山鉾巡行を詠んだ代表句のひとつが、

〈東山回して鉾を回しけり〉

　こうした機智に富む作品から優美で抒情あふれる句まで、多彩な作風に惹かれてきたが、ことに心に沁みたのは後藤から葉書で贈られたこの句である。

〈女手に社運華やぐ涼しさよ〉

　ちょうど自身も独立して一〇年過ぎた頃。子育てしながら女手一つで「ふらんす堂」を創業し、自分の心に叶う本作りを続けてきた山岡へのエールの句であった。

「大人《たいじん》の風格がある方。いつも穏やかでにこにこされていて、こちらが失敗しても決して怒られることがないのです。悠揚たる物腰でいて、俳句はとても繊細なものを詠まれる。すごくお洒落で真っ白な麻のスーツをお召しになったり、上質な贅沢を知っていらっしゃる方ですね」

　家族への深い愛情も感じられた。神戸の六甲にある自宅では、後藤が出かけるときはいつも妻が坂の下まで送ってくれるのだと聞いていた。家庭においてはどんな夫であり、父親だったのだろう。

「小さいときはめちゃくちゃ子どもを可愛がってくれましたね」と娘の方子は快活に笑

う。一緒に元町を歩いていて、楽器店でピアノをせがむと、その場で買ってくれたこともある。母には怒られていたが、その母にも甘かった、と明かす。

「父は母に何も言いませんでしたから。母は私に『パパは床の間に座っていていいと言ったんだから、私は何もしなくていいのよ』と。そんな母を父はニコッと笑って見ているだけ。食後の洗い物と掃除も忙しい父がしていました。だから、母は常に『もう私ほど幸せな人はいないわ』と嬉しそうに話していましたね」

二人は小学四年で同級になって以来の幼なじみだ。結婚後は一男一女を授かり、夫は仕事と俳句業に追われる日々が続く。酒や煙草を嗜まず、ゴルフ、マージャンもしない。かたや妻の恒子は庭いじりが好きで、日本舞踊や陶芸を楽しんでいた。「俳句なんか嫌い」と言いながらも、『諷詠』の編集を手伝うようになって、自分も俳句を作り始める。句会には出なかったが、家で夫から手ほどきを受けていた。

睦まじい夫婦の暮らしに変化が生じたのは、神戸の自宅で阪神・淡路大震災に遭った後のこと。その年の暮れから妻に認知症の症状が出始めた。両親の近くに住み、毎日通っていた方子は当時を振り返る。

「母は少しずつ物を忘れるようになり、父が仕事で出かけるといつも『パパ、どこへ行ったの？』と聞くのです。私が一緒にいてあげると何事もなかったけれど、父が入院したときに母も不安がつのったのでしょう。毎日私が病院へ行くと、その間は母一人。外へ探しに出かけるようになり、どんどんひどくなったのです」

後藤が入院したのは八五歳のとき。体の不調に我慢を重ねたあげく、急性膵炎をおこして救急搬送される。一カ月間絶飲絶食したところで胆嚢摘出手術を受けた。その間、恒子の徘徊が始まり、家族はやむなく知人に頼んで病院へ入れた。ところが、その病院で喉に物を詰まらせ、突然に旅立ってしまったのだ。

花に黙

妻の訃報を娘から知らされたのは術後の入院中だった。そのとき浮かんだ一句が、

〈手をつなぎやりたやお花畠見ゆ〉

晩年の妻は一人歩きさせられず、踊りで痛めた腰も不安で、外出するときは手をつないでやるようにしていた。それゆえひとり浄土へ旅立つ道程を案じての句だ。

六十年余り連れ添った妻を失い、ひとり暮らす家で黙々と俳句を作り続ける。三回忌には妻が遺した句を句集『恒子の玉手箱』にまとめて配った。その翌年、それまで三年

間に詠んだ四五五句を編んで『めんない千鳥』を刊行。題名は妻の四九日に詠んだ句から名づけた。

〈妻とするめんない千鳥花野みち〉

「めんない千鳥」とは、鬼が目隠しして他の子をつかまえる子どもの遊び。幼なじみの妻と戯れた日を追想し、ひとり秋草の野で惑う様が見える。本人いわく、外出も適わなくなってきた俳人が目隠しして物を探しているような句ばかり、だと。

〈間違へて秋風と手をつなぎゐし〉

〈亡き妻を探しにきたる初雀〉

それまで心を表す句はあまり作らなかったが、自然風物に向けてきた目を自分自身に向けることで、悲しみに浸るだけではない日常の句も浮かぶ。

〈年酒酌むときも独りで不言物〉

〈芋頭芋もひとりとなりにけり〉

いわば「人生の谷間を流離う経験」の中で生まれた句集。それは妻への鎮魂であり、「ひょっとすると私自身への鎮魂のいとおしい句集」と後藤は述懐する。

これを編んだ山岡はその思いを顧みる。

「行間に流れる先生の深い悲しみがあり、それでも客観視しているご自身の姿も見えてきます。悲しみの中に埋もれてしまうのではなく、ちゃんと作家の目で自分の悲しみを捉えている。それでいてちょっとユーモラスな余韻も感じますね」

二〇〇六年、後藤は八九歳にして『めんない千鳥』で第四〇回蛇笏賞を受賞。俳壇の最長老としてさらなる道を歩む。九〇歳で車椅子を使い、九六歳から蟄居の生活となったが、創作意欲は衰えない。数え九九歳の年に刊行したのが『白寿』だ。

〈大方が長生せよといふ賀状〉

〈長生はしてゐるつもり老の春〉

どこかアイロニーを含んだ句があれば、

〈ぱつと明るきはミモザの花のせゐ〉

〈何となくペンの動きも春めいて〉

しなやかで若々しい感性もちりばめられる。なかでも親と子に通い合う静謐な情感が伝わってくるこんな句に惹かれた。

〈父恋ふ子子を恋ふ父や花に黙〉

後藤はいかなる思いで詠んだのだろう。

「おやじと子どもは、あまり打ち解けてものを言わないですからね。きれいな花を見ても黙っていて、何も言わないけれど一応了解はしている。もっとものを言って、お互いに打ち明けたらいいのに、ただ黙って花を見ているという句です」

それは自分と息子の在り方でもあった。

「息子は僕を煙たがっていて、僕とは全然反対の人生を歩むんやと……」

長男の立夫は灘高を出て、東京大学の建築学科で博士号取得。東京で企業に就職した。絵や音楽など多芸で、遊び上手な人物。かたや遊び事とは縁もなく、生真面目な父は息子に厳しく接してきた。

その息子は社長を辞して、六五歳で神戸へ。老いゆく父を案じて、結社を手伝うためだ。若い頃から俳句もたしなむ立夫は父が九五歳の時に主宰を継いだ。親子であり、師弟であるがゆえの葛藤も抱えながら三代目の務めに尽くす。だが、父も安堵して見守っていた矢先、肺がんを宣告された。

二年半の闘病の末、二〇一六年六月に息子は逝った。亡くなる数日前、ベッドに横たわる息子と握手し、笑顔で別れたのが最後。後藤は枕辺で我が子への思いを句にしたためた。

〈手を握り笑つて露の訣れとは〉

祇園囃子に誘はれて

後藤の白寿を祝う会からわずか一カ月後。主宰に就いて四年あまり、七二歳で先立った息子の無念を思い、後を託したのは孫娘、四〇代の和田華凜であった。

「私にとっては父が師であり、短い間でもがっちり教えてもらいました。だからこそ、父のすべてを引き継ぎたい、少しでも父が目指したところを目指したいと、本気でがんばろうと思ったのです」

俳句を始めたのは一二年前、三七歳のときだ。子育てが一段落し、父の俳句教室へ通った。「人を愛し、自然を愛し」と説く父に季題を慈しむことを教えられ、万物の光を心にとめて言葉に紡ぐ喜びを知る。祖父に見せると面白いと褒められ、「調子に乗りました」と苦笑する。

〈コンタクト落としたかしら朧月〉

〈冷酒好きちよつと冷い人も好き〉

そんな現代女性らしいみずみずしい感性が評された第一句集『初日記』で賞をもらう。

実はその直後、父の立夫が肺がんと告知された。闘病生活は壮絶をきわめ、最後はホスピスで過ごす。その時に祖父から父に代わる主宰代行として指名された。

「何の自信もなく、まして目上の方たちを指導する立場になるとは到底考えられなかった。それでも私がやるしかないのだと覚悟をしました」

呼吸も苦しくなった父を案じて病室に泊まった晩、父はかすかな声で「おまえは二重丸や」と娘を褒め、ぽんぽんと頭を撫でてくれたという。その病床で、

〈ころはよし祇園囃子に誘はれて〉

祭り好きだった父が遺した辞世の句だ。

〈つなぎし手離し祭の中へ消ゆ〉

華凜も亡父にこの句を詠んで見送った。

「私はお父さんに褒めてもらいたいという思いで頑張ってきたので、今もその気持ちが力になっています。つなぎし手は離してしまいましたが、心はますます父とつながっているように思えますから」

曾祖父から続く結社の四代目を担う責務はやはり肩に重い。会員は三三〇人、平均年齢は八〇代と高齢化も進む。最長老は祖父の比奈夫、最年少は孫娘の華凜。それでも同

人たちが家族のように支えてくれる。名誉主宰となった祖父には甘えていられないと思うが、なお若い者に負けまいと句作を続ける姿に励まされてきた。

「おじいちゃんはすごく逞しい人。ちょっと意地悪を言うくらい元気なので、まだまだ安心です」と華凜はほほ笑む。

柔らかな心

後藤は今も、娘の助けを得てひとり暮らしをおくる。外出はままならず句会にも出られないが、全国から届く投句の選者を務めている。家にこもっていると刺激がなく、気力も衰えてしまう。句作には写真やテレビ、家族らとの会話もヒントになるが、心の中に溜めてきた豊かな記憶が拠り所だ。

「さまざまな昔の経験や見てきた風景が心から湧きあがってくるものです」

句を詠むことで幾多の悲しみや寂しさも乗り越えてきた。そして、その先に新たに見えてくるものを句にしたためる。

「柔らかな心というのがいちばん大事です。そのためには心を謙虚にして目線を下げること。物を見るのに高いところから眺め降ろしているのはあまりよくない。人に接するときはもちろん、物を見るにも、言葉を選ぶにも、謙虚な心が大切。心の目線を低く穏やかにしていると、身の周りの何もかも、出てくる言葉までもがいとおしいものに見えてきます」

俳句の道を歩んで六五年余。後藤にとって、なお句を作り続ける境地はいかなるものかと尋ねると、こともなげに言う。

「まあご飯を食べているようなものと違いますか。別にそれで苦しいとか辛いということは何もないし、日常茶飯事ですね。そりゃあ産みの苦しみはあっても、それもまた快楽。俳句は極楽の文学だと言われますけれど、やっぱり楽しいですよ」

四季折々の風景も歳月を重ねるほどにまた異なる趣がある。好んで詠んできた桜も年ごとに新たな句が生まれてきた。

〈花に一会花に一会と老いけらし〉

毎年見る桜も今年の花は一会だと思う。九〇歳で詠んだ句には、花との出会いを重ねながら老いゆく自分の境涯を映じた。

そして、一〇〇歳で出した句集『あんこーる』には、こんな桜の句がある。

〈花に会ふための言葉を胸に秘め〉

〈散るさくらみんな散りたくなさそうに〉

桜の花びらは散っていても、みんなもうちょっと枝にとまっていたいような顔をしていると。それは、たえず花に会うための言葉を探しながら生き、なお散るまいと願う自身の姿なのかもしれない。

今、その胸には次なる夢が秘められている。それは『あんこーる』に続く句集。

「僕は今度の句集を『喝采』という題で出そうと思う」

アンコールは拍手喝采で起こるのだからと後藤はにこり。すかさずこう添えた。

「そのためには二、三年かかるんだよ」

二〇一八年春、後藤比奈夫は一〇一歳を迎えた。さらなる拍手喝采を浴びて、いかなる桜を詠むのだろうか。

あとがき

私の祖母は一〇二歳で逝った。まさに天寿を全うしたといえる穏やかな最期ではあっても、別れの時にはさまざまな思いが込みあげた。新潟の小さな海辺の町で生まれ育った祖母は、戦時中に夫を病で亡くし、女手ひとつで苦労しながら娘を育てあげた。子供心に残るのは、漢方薬工場で懸命に働く祖母の姿。時おり私も連れられて工場の片隅で遊んでいた。また、我が家へ来る日は決まって「カレーライス」を食べたいと言う。一人つましく暮らす身では大鍋で煮込んだカレーを家族と味わうのが嬉しかったようだ。

気丈で朗らかだった祖母も八〇代で認知症を発症し、やがて寝たきりの生活に。薄れゆく記憶の中でも「海を見たい」と懐かしんでいたが、その願いは叶えられず、晩年は言葉を交わすこともできなかった。そこでふと気づく。実は祖母の人生をほとんど知らなかったことを。あの強さはいかに育まれたものなのか、もっと祖母の言葉に耳を傾けておけば良かった……。その悔いがこの「一〇〇歳」の方々をたどる取材へつながった。

今、人生一〇〇歳時代といわれ、〝健康寿命〟への関心は高まっている。だが取材で出会った方たちは、誰しもとりたてて秘訣はないのだと語り、日々の積み重ねを淡々と顧みるだけ。それでも乗り越えてきた苦難は計り知れず、命を賭する体験や病苦も経ていた。だからこそ、なお限りある命を愛する家族や後進に尽くしたいと願う。それこそが生きる活力になっているように見えた。さらに、人は何をもって幸せと思うか。大正、昭和、平成へと激動する時代を生き抜いた人生から紡がれる言葉に私たちの行く道も照らされる気がした。

最後に、取材に際して貴重なお時間をいただいた皆様とご家族にお礼を申しあげたい。そして、「新潮45」連載当時、担当して下さった出来幸介さんと、引き継いで下さった佐藤大介さん、新潮新書編集部の松倉裕子さんに感謝の言葉を述べて、筆をおきたい。

二〇一八年八月三〇日　　　歌代幸子

歌代幸子　1964(昭和39)年新潟県生まれ。ノンフィクション作家。学習院大学卒業。著書に『音羽「お受験」殺人』『精子提供　父親を知らない子どもたち』『慶應幼稚舎の流儀』等。

Ⓢ新潮新書

780

100歳《さい》の秘訣《ひけつ》

著　者　歌代幸子《うたしろゆきこ》

2018年9月20日　発行

初出・新潮45 2017年6月、8月〜2018年3月号

発行者　佐藤隆信

発行所　株式会社新潮社

〒162-8711　東京都新宿区矢来町71番地
編集部(03)3266-5430　読者係(03)3266-5111
http://www.shinchosha.co.jp

印刷所　錦明印刷株式会社

製本所　錦明印刷株式会社

ISBN978-4-10-610780-1　C0210